Bro, kannst Du Geld?

Bro, kannst Du Geld?

Lerne, was Du in Schule und von Eltern nicht lernst:

Finanzielle Intelligenz.

TEENAGER EDITION

10-16

Martin Fiedler

DMF Self Publishing

Impressum:

Bibliografische Information der Deutschen Nationalbibliothek: Die Deutsche Nationalbibliothek verzeichnet diese Publikation in der Deutschen Nationalbibliografie; detaillierte bibliografische Daten sind im Internet über dnb.dnb.de abrufbar.

Lektorat: DMF Self Publishing
Korrektorat: DMF Self Publishing

Verlag: BoD · Books on Demand GmbH, Überseering 33, 22297 Hamburg, bod@bod.de
Druck: Libri Plureos GmbH, Friedensallee 273, 22763 Hamburg

ISBN: 978-3-6957-1929-7

DISCLAIMER / RECHTLICHER HINWEIS

Die Inhalte dieses Buches dienen ausschließlich der allgemeinen Information und stellen keine Finanz-, Anlage-, Steuer- oder Rechtsberatung dar. Alle beschriebenen Beispiele, Einschätzungen und Erläuterungen basieren auf persönlichen Erfahrungen, Recherchen und Meinungen des Autors. Trotz größtmöglicher Sorgfalt übernimmt der Autor keine Gewähr für Vollständigkeit, Richtigkeit oder Aktualität der Inhalte. Finanzielle Entscheidungen sollten stets auf Basis der individuellen Situation, persönlicher Ziele und ggf. mit Unterstützung qualifizierter Berater getroffen werden. Der Autor übernimmt keinerlei Haftung für Vermögensschäden oder sonstige Nachteile, die direkt oder indirekt aus der Anwendung der im Buch dargestellten Inhalte entstehen. Investitionen, berufliche Entscheidungen und finanzielle Maßnahmen sind immer mit Risiken verbunden. Der Leser handelt eigenverantwortlich.

Persönliche Widmung

Meine lieben Jungs, ihr macht mein Leben heller und seid meine größte Freude. Eure Energie, euer Humor und eure Sicht auf die Welt berühren mich immer wieder. Dieses Buch habe ich in erster Linie für euch geschrieben – als kleinen Kompass für Momente, in denen die Welt laut ist und man seinen eigenen Weg sucht.

Wir sehen uns nicht so oft, wie wir es gern hätten. Und wenn wir zusammen sind, dann zählt jeder Moment – fürs Lachen, Zocken, Reden und Leben, nicht für mehr „Ernst des Lebens". Deshalb wollte ich euch meine Gedanken zu Zeit, Geld, Freiheit und Entscheidungen einmal in Ruhe aufschreiben. Zum Lesen, wenn ihr bereit seid. Zum Weglegen, wenn etwas anderes gerade wichtiger ist.

Dieses Buch gibt es in zwei Editionen: einer Teenager-Edition für jetzt und einer Young-Adult-Edition, die ihr später zur Auffrischung nutzen könnt. Manche Dinge versteht man mit ein paar Jahren mehr Erfahrung einfach anders.

Ich möchte euch zeigen, wie eng Zeit und Geld zusammenhängen und warum es so wichtig ist, früh ein eigenes Fundament zu schaffen. Ich möchte euch helfen zu verstehen, dass das sogenannte Hamsterrad nichts Schlechtes ist. Fast jeder steckt darin – aber es fühlt sich leichter an, wenn man neben der Arbeit etwas Eigenes aufbaut, das einem gehört, mit der Zeit wächst und Freiheit schafft. Dann rennt man nicht nur für andere, sondern zunehmend für sich selbst.

Auch ich habe vieles davon erst spät verstanden. Trotz all meiner Ausbildung und Berufserfahrung habe ich zu viel konsumiert, zu wenig investiert und zu oft Zeit gegen Geld getauscht.

Väter sind eben auch nur Menschen.

Dieses Buch widme ich aber nicht nur euch. Es gilt auch zwei weiteren jungen Menschen, die mir wichtig sind: meiner Nichte und meinem Neffen. Ihr steht am Anfang des Berufslebens – für euch ist die Young Adult Edition ein guter Einstieg.

Euch vieren widme ich dieses Buch. Nehmt mit, was euch hilft. Lasst liegen, was euch nicht anspricht. Und geht euren Weg – neugierig, ruhig und im Bewusstsein, dass ihr euer Leben selbst formen könnt.

Euer Vater und Onkel,
Frühjahr 2026

Inhaltsverzeichnis

Einleitung

Worum geht's?

In diesem Buch geht es darum, zu lernen, wie der Umgang mit Geld funktioniert und warum es wichtig ist, schon früh ein paar einfache Dinge darüber zu wissen. Viele Kinder und Erwachsene bekommen das in der Schule oder zu Hause kaum erklärt, obwohl Geld jeden Tag eine Rolle spielt. Dieses Buch hilft dir dabei, auf einfache Art zu verstehen, was wirklich zählt und wie du später mit Geld entspannt und sicher umgehen kannst.

Was du lernst?

Du lernst, wie du dich finanziell schützen kannst, zum Beispiel durch ein paar wichtige Versicherungen, die dir Ärger und Stress ersparen können. Du erfährst, wie du jeden Monat ein bisschen Geld für dich selbst zurücklegen kannst, ohne viel nachdenken zu müssen. Außerdem entdeckst du die Grundideen vom Sparen und Investieren: Was ein Tagesgeldkonto ist, warum ETFs so beliebt sind und wie Geld im Laufe der Zeit für dich arbeiten kann, auch wenn du noch nicht viel hast. Später bekommst du sogar einen Einblick in Immobilien, damit du verstehst, wie Erwachsene damit Geld verdienen und warum das für deine Zukunft spannend sein kann.

Wort-Tresor

Damit alles noch leichter wird, findest du hier im „Wort-Tresor" Begriffe, die dir in diesem Buch öfter begegnen. So lernst du Schritt für Schritt alles, was du brauchst, um später kluge Entscheidungen mit deinem Geld zu treffen – ohne Stress und ohne komplizierte Wörter.

Kapitel 1: Wer sagt Geld ist nicht wichtig, der lügt!

Worum geht's?

Manchmal sagen Erwachsene: „Geld ist nicht so wichtig." Das klingt nett, stimmt aber nur zur Hälfte. Natürlich ist Geld nicht alles im Leben. Freunde, Familie, Gesundheit sind wichtiger. Aber ohne Geld wird vieles kompliziert: Wohnen, Essen, Kleidung, Handy, Gaming, Hobbys – alles kostet etwas. Und genau deshalb ist es wichtig, früh zu verstehen, wie Geld funktioniert. Viele, die behaupten, Geld sei unwichtig, haben am Monatsende selbst kaum etwas übrig. Das liegt meistens nicht daran, dass sie „Pech" haben, sondern daran, dass sie nie gelernt haben, richtig mit Geld umzugehen. Genau dieses Wissen kannst du dir jetzt holen.

Was du lernst?

Lerne, dass Geld dir Freiheit geben kann. Freiheit heißt: Du kannst selbst entscheiden, was du kaufst, wo du wohnst und wofür du sparst. Wenn plötzlich etwas kaputtgeht – dein Handy, dein Fahrrad oder etwas in deinem Zimmer – ist es beruhigend, wenn du ein bisschen Geld zurückgelegt hast. Verstehe auch, warum viele Menschen in Deutschland nicht gern über Geld sprechen. Viele haben Angst vor Neid, wollen Streit vermeiden oder schämen sich, wenn sie wenig haben. In anderen Ländern ist das ganz anders: Dort reden Menschen viel offener über Finanzen. Und weißt du was? Je offener man über Geld spricht, desto mehr kann man lernen. Deshalb ist es gut, wenn du dich traust, Fragen zu stellen und über Geld nachzudenken. So bekommst du Wissen, das dir deine Zukunft erleichtert.

Wort-Tresor

Freiheit bedeutet, dass du eigene Entscheidungen treffen kannst, ohne von anderen abhängig zu sein.

Notfallkissen nennt man Geld, das du extra für überraschende Probleme zurückgelegt hast.

Tabu heißt, dass etwas nicht gern angesprochen wird – so wie Geld in vielen Familien.

Transparenz bedeutet Offenheit: Wenn Menschen über Geld reden, können sie voneinander lernen und schlechte Entscheidungen vermeiden.

All diese Begriffe helfen dir zu verstehen, warum Geld nicht peinlich oder geheim sein sollte, sondern ein Thema, bei dem Wissen richtig stark macht!

Kapitel 2: Was Euch weder Schule noch Eltern beibringen!

Worum geht's?

Viele Jugendliche wundern sich, warum man in der Schule so vieles lernt – Formeln, Gedichte, chemische Reaktionen –, aber kaum etwas über Geld. Man erfährt selten, wie man ein Konto eröffnet, was Steuern sind oder wie man mit seinem ersten eigenen Geld richtig umgeht. Das ist nicht deine Schuld und auch nicht unbedingt die deiner Eltern. In Deutschland gibt es einfach (noch) kein eigenes Schulfach, in dem man Finanzwissen lernt. Manche Schulen machen ein bisschen dazu, andere fast gar nichts. Und wenn deine Eltern selbst nie richtig gelernt haben, wie Geld funktioniert, können sie es natürlich auch nicht gut weitergeben. Deshalb wissen viele junge Menschen viel weniger über Finanzen, als sie eigentlich bräuchten.

Was du lernst?

Du lernst hier, warum das so ist und warum das nichts über deine Fähigkeiten aussagt. Schulen haben viele Fächer, aber Finanzen rutschen oft irgendwo zwischen Politik, Wirtschaft und Sozialkunde durch – und das meist nur sehr kurz. Es gibt zwar gute Materialien, zum Beispiel von der Deutschen Bundesbank oder der Verbraucherzentrale, aber nur wenige Lehrkräfte nutzen sie wirklich. In anderen Ländern ist das ganz anders: Dort ist Finanzwissen Teil des ganz normalen Unterrichts. Deshalb bist du mit diesem Buch schon einen Schritt weiter als viele Erwachsene. Du lernst, wie Geld wirklich funktioniert, ohne komplizierte Worte, und bekommst Wissen, das dir später richtig helfen kann. Egal, ob es um dein erstes (Ferienjob-)Gehalt, ein Handy-Abo oder eine größere Entscheidung geht – du weißt dann, was du tust.

Wort-Tresor

Finanzbildung bedeutet, dass man weiß, wie Geld, Sparen, Investieren Versicherungen und Verträge funktionieren.

Budget heißt, dass du planst, wie viel Geld du im Monat wofür ausgibst.

Verbraucher sind Menschen wie du und ich, die einkaufen, Verträge abschließen oder Entscheidungen mit Geld treffen.

Verantwortung bedeutet, dass du lernst, dein Geld so zu nutzen, dass es dir hilft und dich nicht in Schwierigkeiten bringt.

Je besser du diese Worte verstehst, desto einfacher wird dein Weg zu cleveren Geldentscheidungen.

.

Kapitel 3: Must-Have Wissen zur finanziellen Intelligenz

3.1 Das achte Weltwunder: Zeit und der Zinseszinseffekt

Worum geht's?

In diesem Kapitel geht es um eine der wichtigsten Ideen überhaupt, wenn es um Geld geht: den Zinseszinseffekt. Der Name klingt vielleicht erst einmal kompliziert, aber eigentlich ist es ein ganz einfaches Prinzip – und extrem mächtig. Manche nennen ihn sogar das achte Weltwunder, weil er etwas schafft, das wir Menschen oft unterschätzen: Er lässt Geld über die Zeit immer schneller wachsen. Stell dir vor, du rollst einen kleinen Schneeball den Hang hinunter. Am Anfang ist er winzig und wächst langsam. Aber nach und nach bleibt mehr Schnee hängen, der Ball wird größer, und je größer er wird, desto schneller wächst er weiter. Genauso funktioniert der Zinseszins – nur eben mit Geld statt mit Schnee.

Was du lernst?

Du lernst hier, warum Zeit beim Sparen so wichtig ist. Wenn du Geld auf die Seite legst oder investierst, bekommst du Zinsen oder Gewinne. Diese Zinsen verschwinden im nächsten Jahr nicht einfach – sie bleiben bei deinem Geld liegen. Und im nächsten Jahr bekommst du wieder Zinsen, diesmal aber nicht nur auf dein ursprüngliches Geld, sondern auch auf die Zinsen vom Jahr davor. Das bedeutet: Dein Geld fängt nach einer Weile an, selbst Geld zu verdienen. Und je länger du wartest, desto stärker wird dieser Effekt.

Vielleicht denkst du: „Ich bin doch erst 10 oder 12, das bringt mir doch jetzt noch nichts." Doch genau das Gegenteil ist der Fall! Wenn du früh anfängst, auch nur kleine Beträge zu sparen oder zu investieren, kann daraus über viele Jahre etwas wirklich Großes werden. Es müssen keine 100 oder 200 Euro im Monat sein. Auch 5 oder 10 Euro sind ein Start.

Die Zeit macht die Hauptarbeit – nicht die Höhe des Geldes. Viele Erwachsene starten erst spät, weil sie es nicht früher gelernt haben. Und genau deswegen verschaffst du dir jetzt einen riesigen Vorteil für später.

Damit du dir das besser vorstellen kannst, stell dir zwei Menschen vor: Die eine Person fängt früh an zu sparen, die andere viel später – beide zahlen aber gleich viel ein. Am Ende hat die frühe Person viel mehr Geld, obwohl beide das Gleiche eingezahlt haben. Warum? Weil die Zeit auf ihrer Seite war. Sie hat ihren Schneeball ganz oben am Berg losgerollt, und der andere erst viel weiter unten.

Wort-Tresor

Zins bedeutet das zusätzliche Geld, das du bekommst, wenn dein Geld irgendwo „arbeitet", zum Beispiel auf einem Sparkonto oder in einer Investition.

Zinseszins bedeutet Zinsen auf Zinsen – also nicht nur Geld auf dein eigenes Geld, sondern auch auf die Gewinne, die schon vorher dazugekommen sind.

Rendite ist ein anderes Wort für Gewinn, den du von einer Geldanlage bekommst.

Schneeball-Effekt beschreibt, dass etwas erst langsam wächst, aber später immer schneller – so wie dein Geld, wenn du den Zinseszinseffekt nutzt.

3.2 Investition und Konsum: Was ist was?

Worum geht's?

In diesem Kapitel geht es darum zu verstehen, was der Unterschied zwischen Dingen ist, die dir Geld bringen, und Dingen, die dir Geld wegnehmen. Viele Menschen glauben, dass alles, was ihnen gehört, automatisch „Wert" hat. Aber das stimmt nicht. Manche Dinge sind wie kleine Helfer, die dir langfristig Geld bringen, andere sind eher wie Haustiere, die ständig etwas kosten. Und es ist sehr wichtig, diese beiden Arten voneinander unterscheiden zu können, damit du später kluge Entscheidungen triffst. Wenn du das einmal verstanden hast, wird dir klarer, warum manche Menschen wohlhabend oder reich werden – und andere trotz harter Arbeit immer knapp bei Kasse sind.

Was du lernst?

Du lernst hier, was eine Investition ist: etwas, das dir Geld bringt. Das kann regelmäßig passieren, zum Beispiel jeden Monat, oder erst nach einiger Zeit, wenn es im Wert steigt. Eine vermietete Wohnung bringt jeden Monat Miete, eine Aktie zahlt vielleicht einmal im Jahr eine Gewinnbeteiligung (Dividende). Wissen oder Fähigkeiten können dein späteres Einkommen steigern – also sind auch diese eine Investition.

Und dann gibt es Dinge, die nennt man Konsum. Konsum ist nicht schlecht, er macht dein Leben schöner. Ein Handy, neue Klamotten, ein Restaurantbesuch – alles okay. Aber Konsum bringt dir kein Geld, sondern kostet Geld. Manchmal sogar dauerhaft. Ein Auto zum Beispiel verliert allein durch Benutzung an Wert und hat laufende Kosten wie Versicherung oder Reparaturen. Auch ein Zimmer voller teurer Dinge ist meistens nur eines: teuer.

Viele Erwachsene verwechseln das ständig. Sie kaufen Dinge, weil sie schick aussehen oder Spaß machen, und denken, sie hätten damit „Wert". Aber der Wert ist fast immer nur für den Moment da – nicht fürs Leben. Investitionen dagegen arbeiten wie kleine Geldmaschinen im

Hintergrund. Wenn du zuerst in Dinge investierst, die Geld zu dir bringen, kannst du später mit diesem Geld deinen Konsum bezahlen, ohne dass du dafür arbeiten musst. Und das ist genau das Geheimnis vieler erfolgreicher Menschen: Sie lassen ihr Geld zuerst für sich arbeiten und gönnen sich dann erst etwas.

Wort-Tresor

Investition bedeutet, dass du dein Geld so nutzt, dass es selbst wieder Geld erzeugt.

Konsum sind Dinge, die Spaß machen, aber Geld kosten und keinen Gewinn bringen.

Vermögenswert nennt man alles, was dir Geld einbringt, zum Beispiel Miete, Zinsen oder Gewinne.

Verbindlichkeit ist ein Wort für Dinge, die dich Geld kosten, zum Beispiel Kredite, Autos oder teure Gewohnheiten.

3.3 Der Zusammenhang zwischen Rendite und Risiko

Worum geht's?

In diesem Kapitel geht es darum zu verstehen, warum Geldanlagen, die viel Gewinn bringen können, gleichzeitig auch mehr Risiko haben und warum sichere Anlagen meistens nur wenig Gewinn abwerfen. Viele Menschen hoffen, viel Geld zu verdienen, ohne dass ihr Geld dabei schwankt oder stark im Wert sinkt. Leider funktioniert das in der echten Welt nicht. Jede Geldanlage hat eine Art Persönlichkeit: Manche sind ruhig und berechenbar, andere aufregend und manchmal anstrengend. Genau dieses Zusammenspiel von Risiko und Rendite ist eines der wichtigsten Dinge, die du über Geld verstehen kannst.

Was du lernst?

Du lernst, dass Geldanlagen ein bisschen wie verschiedene Wege sind, die du gehen kannst. Manche Wege sind sicher: glatt, breit, ohne Schlaglöcher. Das fühlt sich gut an, aber du kommst nicht besonders schnell voran. So funktionieren zum Beispiel Tagesgeld oder Festgeld. Dein Geld wächst langsam, aber zuverlässig.

Andere Wege sind schneller, aber dafür wilder. Sie haben mehr Kurven; manchmal geht es hoch, manchmal runter. Das sind zum Beispiel Aktien oder Immobilien. Sie können dir viel mehr Gewinn bringen – aber sie schwanken und können zwischendurch auch mal weniger wert sein.

Lerne, dass du selbst entscheiden musst, wie „mutig" du beim Thema Geld sein willst. Wenn du jung bist, ist das eine gute Nachricht: Du hast viel Zeit. Und wenn man viel Zeit hat, kann man Schwankungen besser verkraften. Falls etwas mal runtergeht, hat man genug Jahre vor sich, damit es sich wieder erholt. Darum können junge Menschen oft etwas mehr Risiko eingehen als ältere.

Das Wichtigste ist: Risiko bedeutet nicht, dass du zocken sollst. Es bedeutet nur, dass du verstehst, dass starke Gewinne fast immer mit mehr Unsicherheit verbunden sind. Und du lernst, dass genau das okay ist – wenn du weißt, was du tust, und langfristig denkst. Je besser du dieses Zusammenspiel verstehst, desto klüger wirst du später investieren.

Wort-Tresor

Rendite bedeutet, wie viel Gewinn du mit einer Geldanlage machst.

Risiko heißt, dass der Wert deiner Anlage schwanken kann oder auch mal fällt.

Schwankung bedeutet, dass etwas nicht immer gleich bleibt – mal mehr wert, mal weniger.

Risikotoleranz beschreibt, wie gut du persönlich mit Schwankungen umgehen kannst, ohne nervös zu werden.

3.4 Die Inflation – der unsichtbare Dieb

Worum geht's?

Inflation klingt wie ein kompliziertes Wort aus den Abendnachrichten, dabei beschreibt es etwas sehr Einfaches: Die Preise steigen, und dein Geld wird nach und nach weniger wert. Das verrückte daran ist, dass man es im Alltag meist erst spät merkt. Heute bekommst du vielleicht für zehn Euro noch eine ordentliche Portion Pommes und ein Getränk, und nächstes Jahr reichen dieselben zehn Euro plötzlich nicht mehr dafür. Dein Geld sieht gleich aus, fühlt sich gleich an, aber es kann eben weniger kaufen. Genau deshalb nennt man Inflation manchmal einen unsichtbaren Dieb. Er schleicht sich nicht laut an dich heran, sondern wirkt ganz leise im Hintergrund – bei Essen, Kleidung, Tickets, Gaming, Streaming oder allem anderen, was du regelmäßig kaufst.

Preise steigen aus verschiedenen Gründen. Manchmal, weil Dinge für Unternehmen teurer werden, etwa Strom, Transport oder Rohstoffe. Manchmal, weil viele Menschen gleichzeitig etwas kaufen wollen und das Angebot nicht ausreicht. Und manchmal, weil die Zentralbank den Zins verändert und dadurch beeinflusst, wie viel Geld im Umlauf ist. Das klingt vielleicht nach sehr „großer Welt", aber du spürst das auf ganz kleine Weise in deiner Geldbörse.

Was du lernst?

Du verstehst, dass Inflation nichts ist, was man stoppen kann. Sie passiert einfach, so wie das Wetter. Aber genau wie du dich bei Regen mit einer Jacke schützen kannst, kannst du dich später auch finanziell schützen. Wenn du dein Geld nur auf dem Konto liegen lässt, verliert es langsam an Wert, selbst wenn die Zahl auf dem Konto gleich bleibt. Das nennt man Kaufkraftverlust. Deshalb ist es wichtig, zu wissen, dass Sparen zwar super ist, aber auf lange Sicht nicht reicht. Du brauchst irgendwann auch Dinge, die wachsen. Das können zum Beispiel ETFs sein oder später Immobilien. Du musst heute noch kein Profi werden –

entscheidend ist, dass du verstehst: Irgendwann sollte dein Geld arbeiten und nicht nur herumliegen.

Inflation ist also kein Grund zur Panik. Sie ist eher eine Erinnerung daran, dass es klug ist, sich schon früh ein wenig mit Geld und später mit Investieren zu beschäftigen. Wer das verstanden hat, lässt sich vom „unsichtbaren Dieb" nicht überraschen.

Wort-Tresor

Inflation ist, wenn Preise steigen und dein Geld immer weniger kaufen kann.

Kaufkraft beschreibt, was du dir mit deinem Geld leisten kannst.

Realverlust bedeutet, dein Geld sieht gleich aus, ist aber weniger wert.

Investieren bedeutet, dein Geld so anlegen, dass es im Laufe der Zeit wächst.

3.5 Verstehe das Grundprinzip des deutschen Steuersystems

Worum geht's?

In diesem Kapitel geht es darum zu verstehen, wie Steuern in Deutschland überhaupt funktionieren. Viele Erwachsene finden Steuern kompliziert – und oft reden sie nicht gern darüber, weil sie selbst nie richtig gelernt haben, was dahintersteckt. Aber eigentlich steckt ein einfaches Grundprinzip dahinter: Jeder soll nach seiner Möglichkeit zum Staat beitragen. Wer wenig verdient, zahlt wenig; wer viel verdient, zahlt mehr. Dazu kommen ein paar Regeln, die dir erklären, warum dein späteres Gehalt nicht einfach komplett bei dir landet, sondern ein Teil davon automatisch an den Staat geht. Und keine Sorge: Du musst dir jetzt nicht alles im Detail merken. Hier geht es nur darum, ein Gefühl dafür zu entwickeln, wie das alles aufgebaut ist.

Was du lernst?

Du lernst, dass jeder Mensch, der Geld verdient, einen Teil davon abgeben muss. Das nennt man Steuern zahlen. Dieses Geld benutzt der Staat zum Beispiel für Schulen, Straßen, Krankenhäuser oder die Feuerwehr. Du lernst außerdem, was es bedeutet, dass das Steuersystem „progressiv" ist. Das heißt nicht, dass es besonders cool oder modern ist – es bedeutet lediglich, dass der Steuersatz steigt, wenn dein Einkommen steigt.

Du erfährst hier auch, was Steuerklassen sind. Sie sorgen dafür, dass Arbeitgeber monatlich ungefähr den richtigen Steuerbetrag von deinem Lohn abziehen. Das heißt jedoch nicht, dass diese Steuer endgültig ist. Am Ende des Jahres kannst du eine Steuererklärung abgeben. Damit überprüft das Finanzamt, ob du vielleicht zu viel gezahlt hast und Geld zurückbekommst. Viele Erwachsene bekommen durch die Steuererklärung jedes Jahr mehrere hundert Euro zurück – einfach, weil manche Kosten (zum Beispiel Fahrtkosten, Arbeitsmaterial oder Versicherungen) nachträglich berücksichtigt werden.

Ein wichtiger Punkt ist auch: Steuern sparen darf man legal und ohne schlechtes Gewissen. Das bedeutet, dass man seine Finanzen so organisieren darf, dass man nicht mehr Steuern zahlt als nötig. Niemand muss freiwillig extra zahlen. Wenn du später die Regeln kennst, kannst du vieles davon ganz entspannt nutzen – genau so, wie es vom Gesetz vorgesehen ist.

Wort-Tresor

Steuern sind Geldbeträge, die du an den Staat zahlst, damit er wichtige Dinge für alle bezahlen kann.

Progressiv bedeutet, dass die Steuer steigt, je mehr man verdient.

Steuerklasse ist ein System, das bestimmt, wie viel Steuer dir jeden Monat automatisch und vorläufig abgezogen wird.

Steuererklärung ist ein Formular, das du am Jahresende ausfüllst, damit geprüft wird, ob du Geld zurückbekommst.

3.6 Augen auf bei Bank- und Vermögensberater!

Worum geht's?

In diesem Teil geht es darum zu verstehen, warum du bei Finanzberatern – egal ob in einer Bank oder später bei einem Vermögensberater – gut aufpassen solltest. Viele Menschen glauben, dass Berater automatisch wissen, was das Beste für einen ist. Aber Berater sind auch Verkäufer. Sie arbeiten oft für eine Bank oder Firma, die Geld verdient, wenn sie bestimmte Produkte verkaufen. Das bedeutet nicht, dass sie böse sind – aber ihre Ziele sind nicht immer dieselben wie deine. Genau deshalb ist es wichtig, dass du lernst, selbst mitdenken zu können.

Was du lernst?

Du lernst, dass manche Bankberater Produkte empfehlen, an denen die Bank gut verdient, auch wenn es für dich nicht unbedingt die beste Lösung ist. Das können teure Fonds, komplizierte Sparverträge oder Versicherungen sein. Viele Menschen unterschreiben solche Verträge, weil sie den Fachbegriffen nicht folgen können. Wenn man Worte wie „Provision", „Gebühren" oder „Risikoklasse" nicht versteht, fühlt man sich schnell hilflos – und vertraut einfach dem Berater. Genau das kann später teuer werden.

Du erfährst, dass es zwei Arten von Beratern gibt: solche, die über Provisionen bezahlt werden (sie verdienen Geld, wenn du etwas kaufst), und sogenannte Honorarberater. Honorarberater wirken oft unabhängiger, weil sie nicht an Verkäufen verdienen, aber sie kosten Geld pro Stunde und lohnen sich deshalb eher für Erwachsene mit mehr Vermögen.

Wichtig ist: Wenn du grundlegendes Finanzwissen hast, kannst du einfache Fragen stellen, die sofort zeigen, ob ein Produkt wirklich sinnvoll ist. Zum Beispiel: „Wie viel kostet das pro Jahr?", „Was verdienen Sie daran?" und „Gibt es eine günstigere Alternative?". Allein diese Fragen schützen dich schon vor vielen schlechten Entscheidungen. Das Ziel ist nicht, Beratern zu misstrauen – sondern selbst sicher genug zu sein, damit dich niemand über den Tisch zieht.

Wort-Tresor

Provision bedeutet Geld, das ein Berater bekommt, wenn er ein bestimmtes Produkt verkauft.

Gebühren sind Kosten, die du jedes Jahr für ein Produkt bezahlst – oft merkt man sie kaum, aber sie mindern deinen Gewinn.

Unabhängig heißt, dass ein Berater nicht für ein bestimmtes Produkt bezahlt wird und dir neutral ohne eigene Interessen, helfen kann.

Finanzwissen bedeutet, dass du genug verstehst, um gute Fragen zu stellen und für dich selbst entscheiden zu können.

3.7 Exkurs: „Kinderarbeit" - Richtig gehört!

Worum geht's?

In diesem Kapitel geht es darum, wann Kinder und Jugendliche in Deutschland überhaupt arbeiten dürfen – und warum das so streng geregelt ist. Der Begriff „Kinderarbeit" klingt vielleicht extrem, aber hier geht es nicht darum, dass Kinder schwere Jobs machen, sondern darum, was erlaubt ist und ab welchem Alter man eigenes Geld verdienen darf. Viele Jugendliche fragen sich irgendwann: „Darf ich schon arbeiten? Wie viel? Und was ist erlaubt?" Genau das klären wir hier – damit du weißt, was Sache ist und dich sicher fühlst.

Was du lernst?

Du lernst, dass Kinder unter 13 Jahren grundsätzlich nicht arbeiten dürfen. Das liegt daran, dass du in diesem Alter Zeit zum Spielen, Lernen und Erholen brauchst. Nur wenige Ausnahmen sind erlaubt, zum Beispiel wenn ein Kind bei einer Film- oder Theaterproduktion mitmacht – aber selbst dafür braucht man eine spezielle Genehmigung.

Ab 13 Jahren sieht es anders aus: Du darfst leichte Jobs machen, die nicht gefährlich sind und dich nicht überfordern. Dazu zählen zum Beispiel Zeitungen austragen, Babysitten, Nachhilfe geben oder kleine Arbeiten im Haushalt oder Garten. Aber auch hier gelten klare Regeln: maximal zwei Stunden am Tag, nur zwischen 8 und 18 Uhr, und deine Eltern müssen zustimmen.

Ab 15 Jahren bist du offiziell ein „Jugendlicher" im Arbeitsrecht. Dann darfst du auch richtige Nebenjobs machen – aber immer noch mit Schutzregeln. Du darfst bis zu acht Stunden am Tag arbeiten, maximal 40 Stunden in der Woche, und nur an fünf Tagen pro Woche. Wochenendarbeit ist normalerweise verboten, außer in bestimmten Bereichen wie Gastronomie oder Landwirtschaft. Außerdem sind Pausen vorgeschrieben, und zwischen zwei Arbeitstagen müssen mindestens zwölf Stunden Ruhezeit liegen.

In den Ferien darfst du auch arbeiten: bis zu vier Wochen pro Jahr. Das ist für viele Jugendliche eine beliebte Möglichkeit, eigenes Geld zu verdienen. Aber auch hier gelten dieselben Schutzregeln.

Wichtig ist: Egal wie alt du bist – du darfst niemals gefährliche Arbeiten machen. Also nichts mit schweren Maschinen, gefährlichen Stoffen, großem körperlichen Druck oder Arbeiten unter Zeitstress (auch Akkordarbeit genannt). Diese Regeln sind nicht dazu da, um dich zu nerven, sondern um dich zu schützen. Dein Körper und deine Gesundheit sollen nicht unter der Arbeit leiden, und die Schule bleibt immer an erster Stelle.

Wenn du diese Regeln einmal verstanden hast, weißt du genau, welche Jobs für dich geeignet sind. Und wenn du irgendwann Geld verdienen willst, kannst du das ganz legal, sicher und ohne Stress tun.

Wort-Tresor

Jugendarbeitsschutz heißt das Gesetz, das regelt, wie Kinder und Jugendliche arbeiten dürfen.

Leichte Arbeit bedeutet Aufgaben, die sicher sind und dich nicht überfordern, wie Babysitten oder Zeitung austragen.

Arbeitszeit ist die Zeit, in der du tatsächlich arbeitest; dafür gelten klare Grenzen.

Ferienjob ist ein Job, den du während der Schulferien für kurze Zeit machst, um eigenes Geld zu verdienen.

Kapitel 4: Versicherungen – das Sicherheitsnetz deiner Finanzen

Worum geht's?

In diesem Kapitel geht es darum zu verstehen, warum Versicherungen ein wichtiger Teil deiner finanziellen Sicherheit sind. Viele Menschen finden Versicherungen langweilig oder nervig, weil sie aus vielen Regeln und Kleingedrucktem bestehen. Aber eigentlich sind sie wie ein Schutznetz: Sie bewahren dich davor, dass ein blöder Unfall oder ein dummer Fehler dein gesamtes Erspartes zerstört. Versicherungen schützen nicht dein Handy oder dein Lieblingsspiel – sie schützen vor den richtig großen Risiken oder Ereignissen, die finanziell wehtun würden.

Was du lernst?

Du lernst, warum manche Versicherungen sehr sinnvoll sind, während andere kaum jemand braucht. Manche Risiken sind so groß, dass sie dein Leben durcheinanderbringen können wenn du dafür nicht abgesichert bist – zum Beispiel, wenn du jemand anderem aus Versehen einen großen Schaden zufügst. Andere Risiken sind klein, etwa ein zerkratztes Handy oder eine kaputte Sonnenbrille. Das kannst du später meistens selbst bezahlen, ohne gleich arm zu werden. Genau hier lernst du, diesen Unterschied zu erkennen.

Du erfährst, dass die wichtigsten Versicherungen dich vor existenziellen Schäden schützen – also vor Dingen, die dich finanziell überfordern würden. Dazu gehören vor allem die Privathaftpflicht, später einmal die Berufsunfähigkeitsversicherung und – sobald du ein eigenes Auto oder Motorrad hast – die Kfz-Versicherung. Dazu kommt eine Auslandskrankenversicherung, die dich auf Reisen schützt. Du lernst außerdem, dass viele Versicherungen unnötig sind, weil sie nur sehr kleine Schäden abdecken, die du auch selbst bezahlen könntest. Dieses Kapitel hilft dir zu verstehen, welche Versicherungen wirklich wichtig sind – und warum sie ein Teil jeder klugen Finanzplanung sind.

Wort-Tresor

Versicherung bedeutet, dass viele Menschen Geld einzahlen, damit der Einzelne geschützt ist, wenn etwas passiert.

Risiko heißt die Möglichkeit, dass etwas schiefläuft oder teuer wird.

Existenz bedeutet dein grundlegendes Leben – Wohnen, Gesundheit, und Sicherheit.

Schutznetz nennt man etwas, das dich auffängt, wenn sonst ein großer Schaden entstehen würde.

4.1 Die Privathaftpflicht

Worum geht's?

In diesem Teil geht es um die Privathaftpflichtversicherung – die wahrscheinlich wichtigste Versicherung überhaupt. Viele Jugendliche kennen sie nicht, aber sie schützt dich vor Schäden, die du aus Versehen anderen Menschen zufügst. Und genau dort kann es schnell richtig teuer werden. Ein kleiner Moment der Unaufmerksamkeit kann mehr Geld kosten, als du dir vorstellen kannst. Und weil du diese Summen niemals selbst bezahlen könntest, gibt es die Privathaftpflicht.

Was du lernst?

Bitte verstehe, dass du in Deutschland für jeden Schaden verantwortlich bist, den du anderen zufügst – egal ob du etwas absichtlich oder aus Versehen machst. Wenn du jemanden mit dem Fahrrad anrempelst und diese Person verletzt wird, musst du den Schaden ersetzen. Wenn du beim Spielen eine Fensterscheibe kaputt machst oder in einer Wohnung aus Versehen eine Wasserleitung beschädigst, kann das schnell tausende Euro kosten. Ohne Privathaftpflicht würdest du oder deine Familie für alles selbst aufkommen müssen.

Du erfährst, dass die Privathaftpflicht genau für diese Fälle da ist. Sie zahlt große Schäden, die du verursacht hast, und schützt so deine finanzielle Zukunft. Das Beste: Sie kostet nur wenige Euro im Monat. Deshalb sagen viele Experten: Wenn du nur eine einzige Versicherung haben darfst, dann sollte es diese sein. Sie schützt nicht dein Zeug – sie schützt dich selbst vor extrem hohen Kosten, die ein einziger Unfall verursachen kann.

Wort-Tresor

Haftung bedeutet, dass du für Schäden verantwortlich bist, die du anderen zufügst.

Schaden kann etwas Kaputtes sein, aber auch eine verletzte Person – das wird oft sehr teuer.

Versicherungssumme ist der maximale Betrag, den die Versicherung im schlimmsten Fall übernimmt.

Privathaftpflicht heißt eine Versicherung, die private, versehentliche Schäden an anderen bezahlt.

4.2 Die Berufsunfähigkeitsversicherung

Worum geht's?

In diesem Kapitel geht es um eine Versicherung, die zwar etwas kompliziert klingt, aber super wichtig ist: die Berufsunfähigkeitsversicherung. Kurz nennt man sie BU. Diese Versicherung schützt nicht Dinge wie dein Fahrrad oder dein Handy – sie schützt etwas viel Wertvolleres: dein späteres Einkommen. Denn egal welchen Beruf du später machst, dein Gehalt ist der Motor für dein ganzes Leben. Wenn dieser Motor plötzlich ausfällt, weil du krank wirst oder einen Unfall hast, kann die BU einspringen und dafür sorgen, dass du trotzdem Geld zum Leben hast.

Was du lernst?

Du lernst, warum die BU so wichtig ist. Stell dir vor, du bist später erwachsen, hast eine Ausbildung oder einen Job, verdienst dein eigenes Geld – und plötzlich kannst du deinen Beruf nicht mehr ausüben. Vielleicht wegen eines Unfalls, vielleicht wegen einer Krankheit, vielleicht wegen psychischer Belastung. Die Krankenversicherung zahlt dann zwar medizinische Behandlungen, aber nicht deinen fehlenden Lohn. Genau dafür ist die BU da: Sie zahlt dir jeden Monat einen festen Betrag, damit du weiterhin deine Miete, dein Essen oder Versicherungen bezahlen kannst.

Du verstehst jetzt auch, warum es sinnvoll ist, eine BU möglichst früh abzuschließen. In jungen Jahren ist man meist gesünder und hat weniger Vorerkrankungen. Das macht die Versicherung günstiger, und es ist leichter, angenommen zu werden. Wartet man zu lange, kann es passieren, dass man schon gesundheitliche Probleme hat – und dann wird die BU teurer oder man bekommt sie gar nicht mehr.

Außerdem lernst du, worauf man achten sollte: Eine BU sollte dich wirklich schützen, wenn du deinen letzten Beruf nicht mehr ausüben kannst – nicht irgendeinen anderen Job, von dem der Versicherer sagt, du „könntest den ja auch machen". Es ist auch wichtig, dass der monatliche Betrag hoch genug ist, um deine wichtigsten Kosten abzudecken. Eine gute BU ist wie ein Sicherheitsgurt im Auto: Man hofft, sie nie zu brauchen, aber wenn etwas passiert, rettet sie dir finanziell das Leben.

Wort-Tresor

Berufsunfähigkeit bedeutet, dass du deinen aktuell ausgeübten Job wegen Krankheit oder Unfall auf längere Zeit nicht mehr machen kannst.

Rente meint in diesem Fall das Geld, das dir die BU jeden Monat auszahlt, wenn du berufsunfähig bist.

Vorerkrankungen sind gesundheitliche Probleme, die du schon hattest, bevor du eine Versicherung abschließt.

Absicherung bedeutet Schutz – in diesem Fall finanzieller Schutz, damit du trotz Problemen weiterleben kannst, ohne sofort in Geldnot zu geraten.

4.3 Die Hausratversicherung – sinnvoll am Anfang, später optional

Worum geht's?

In diesem Kapitel geht es um die Hausratversicherung. Sie schützt deine Sachen: Möbel, Kleidung, Laptop, Fahrrad, Spielkonsole – eben alles, was dir gehört. Viele Jugendliche denken, sie haben gar nicht genug Zeug, damit sich so eine Versicherung lohnt. Aber: Wenn man alles zusammenzählt, merkt man schnell: Dein Zimmer ist wertvoller, als Du denkst. Und wenn mal etwas schiefgeht, kann es teuer werden, das alles neu zu kaufen.

Was du lernst?

Du lernst, dass die Hausratversicherung dann wichtig wird, wenn du deine erste eigene Wohnung hast – also meistens als junger Erwachsener. Sie springt ein, wenn deine Sachen durch Feuer, Leitungswasser, Einbruch oder Sturm kaputtgehen oder gestohlen werden. Stell dir vor, jemand bricht ein und klaut deinen Laptop und deine Konsole. Ohne Hausratversicherung müsstest du das alles selbst bezahlen – und das geht ganz schön ins Geld.

Du erfährst, dass die Hausratversicherung vor allem dann sinnvoll ist, wenn du noch nicht viel Geld gespart hast. Denn wenn plötzlich mehrere Dinge gleichzeitig kaputt oder gestohlen werden, kann das leicht ein paar Hunderte bis Tausende Euro kosten. Eine Hausratversicherung übernimmt in solchen Fällen den Schaden und sorgt dafür, dass du dir neue Sachen kaufen kannst, ohne komplett pleitezugehen.

Wenn du später mehr verdienst und Geld zurückgelegt hast, kannst du entscheiden, ob du die Hausratversicherung noch brauchst oder ob du kleine Schäden selbst bezahlen willst. Aber gerade am Anfang hilft sie dir dabei, ruhig zu schlafen und keine Angst vor teuren Überraschungen zu haben. Sie ist wie ein Schutzschild für deine Wohnung und alles, was darin steht.

Wort-Tresor

Hausrat bedeutet alle beweglichen Sachen in deiner Wohnung – also alles, was du bei einem Umzug mitnehmen würdest.

Einbruch heißt, dass jemand gewaltsam in deine Wohnung eindringt und Sachen stiehlt.

Wasserschaden bedeutet, dass Leitungswasser (z. B. aus einem Rohr) etwas beschädigt hat.

Neuwert bedeutet, dass die Versicherung dir so viel Geld gibt, wie du brauchst, um die Sachen heute neu zu kaufen.

4.4 Die Kfz-Versicherung

Worum geht's?

In diesem Kapitel geht es um die Kfz-Versicherung, also die Versicherung für Autos oder Motorräder. Für Jugendliche wirkt dieses Thema vielleicht noch weit weg, aber sobald du deinen Führerschein machst oder dein erstes eigenes Auto hast, wird das sehr wichtig. Eine Kfz-Versicherung schützt nämlich nicht nur dein Auto, sondern vor allem andere Menschen und deren Fahrzeuge. Und weil Autofahren schnell teuer werden kann, ist eine Kfz-Versicherung in Deutschland Pflicht. Ohne sie darfst du überhaupt kein Auto zulassen und auf der Straße fahren.

Was du lernst?

Du lernst, dass es verschiedene Arten der Kfz-Versicherung gibt. Die wichtigste, die jeder haben muss, ist die Kfz-Haftpflichtversicherung: Sie zahlt, wenn du mit deinem Auto einen Schaden verursachst. Stell dir vor, du baust aus Versehen einen Unfall und beschädigst ein anderes Auto oder verletzt jemanden. Das kann schnell mehrere tausend Euro oder sogar noch mehr kosten. Die Kfz-Haftpflichtversicherung übernimmt solche Kosten – sonst müsstest du oder deine Familie dafür aufkommen.

Dann gibt es noch die Teilkasko und die Vollkasko. Diese Versicherungen sind freiwillig, aber oft sehr sinnvoll. Die Teilkasko schützt dein Auto vor Dingen, die du nicht selbst verursachen kannst, wie zum Beispiel Sturm, Hagel, Glasbruch oder Diebstahl. Die Vollkasko geht einen Schritt weiter und zahlt auch für Schäden, die du selbst verursacht hast oder die durch Vandalismus entstehen. Gerade bei einem neuen oder teuren Auto ist das wichtig, weil Reparaturen sehr teuer sein können.

Du verstehst außerdem, dass die Kfz-Versicherung nicht in der Privathaftpflicht (siehe Kapitel 4.1) enthalten ist. Viele denken das zuerst, aber Autos haben ein eigenes Risikosystem und werden deshalb separat versichert. Die Kosten für eine Kfz-Versicherung hängen von verschiedenen Dingen ab: wie alt du bist, welches Auto du fährst, wie lange du unfallfrei fährst und sogar davon, wo du wohnst. Wer lange ohne Unfall fährt, bekommt oft Rabatte – so belohnen Versicherungen sicheres Fahren.

Wort-Tresor

Kfz-Haftpflicht bedeutet, dass die Versicherung Schäden bezahlt, die du anderen zufügst im Zusammenhang mit dem Kfz.

Teilkasko schützt dein Auto vor äußeren Schäden wie Diebstahl, Hagel oder Glasbruch.

Vollkasko deckt zusätzlich selbst verursachte Schäden an deinem eigenen Auto ab.

Schadensfreiheitsklasse ist ein System, das dich belohnt, wenn du lange ohne Unfall fährst – deine Versicherung wird dadurch günstiger.

4.5 Die Auslandskrankenversicherung

Worum geht's?

In diesem Kapitel geht es darum, warum du auf Reisen ins Ausland eine eigene Auslandskrankenversicherung brauchst. Viele glauben, dass ihre normale Krankenversicherung immer alles bezahlt – egal, wo sie sind. Das stimmt aber nur zum Teil. In manchen Ländern bekommst du zwar Hilfe, aber oft nicht in der Qualität, die du aus Deutschland kennst. Und vor allem: Ein Rücktransport nach Deutschland, also wenn du verletzt oder krank zurückgeflogen werden musst, wird von der gesetzlichen Krankenkasse normalerweise nicht bezahlt. Genau dafür gibt es die Auslandskrankenversicherung.

Was du lernst?

Du lernst, dass die Auslandskrankenversicherung eine Art Reiseschutz ist. Wenn du im Auslandsurlaub krank wirst oder dich verletzt, übernimmt sie die Kosten für Behandlungen, Medikamente und Krankenhausaufenthalte – und das oft deutlich besser als die normale Krankenkasse. Besonders wichtig ist der Rücktransport: Wenn du im Ausland so krank wirst, dass du in Deutschland behandelt werden musst, kann dieser Rücktransport extrem teuer werden. Ohne Versicherung musst du oder deine Familie das selbst zahlen – und das kann schnell mehrere tausend Euro kosten.

Du erfährst außerdem, dass diese Versicherung wenig kostet, aber einen riesigen Nutzen hat. Viele Versicherungen bieten Jahresverträge an, die nur ein paar Euro kosten und für alle Reisen im Jahr gelten, solange du nicht länger als eine bestimmte Anzahl von Tagen am Stück unterwegs bist. Für längere Reisen gibt es spezielle Langzeit-versicherungen.

Wichtig ist auch, dass du lernst, was nicht in diese Versicherung fällt. Viele verwechseln sie mit einer Reiserücktrittsversicherung. Die Auslandskrankenversicherung schützt dich erst während der Reise, nicht vorher. Sie zahlt also nicht, wenn du die Reise aus irgendeinem Grund gar nicht antreten kannst – sondern nur, wenn du vor Ort medizinische Hilfe brauchst.

So bist du auf Reisen entspannt unterwegs – egal ob mit der Familie, mit Freunden oder irgendwann später allein.

Wort-Tresor

Rücktransport bedeutet, dass du im Krankheitsfall medizinisch zurück nach Deutschland gebracht wirst.

Medizinische Behandlung umfasst Arztbesuche, Medikamente und Krankenhauskosten.

Reiserücktritt ist etwas anderes und bedeutet das Absagen einer Reise vor Beginn – das ist eine andere Versicherung.

Deckungssumme ist der maximale Betrag, den die Versicherung im Notfall übernimmt.

4.6 Oftmals unnötige Versicherungen

Worum geht's?

In diesem Kapitel geht es darum zu erkennen, welche Versicherungen du meistens nicht brauchst. Viele Firmen versuchen, dir kleine Zusatzversicherungen zu verkaufen, die sich erst super anhören, aber am Ende eigentlich nur Geld kosten. Diese Versicherungen schützen dich oft nur vor Minischäden, die du auch selbst bezahlen könntest. Sie klingen nach Sicherheit, bringen dir aber kaum etwas. Damit du später nicht in diese Fallen tappst, schauen wir uns an, warum manche Versicherungen unnötig sind und woran du schlechte Angebote erkennst.

Was du lernst?

Du lernst, dass viele kleine Versicherungen nur dafür da sind, um Geld zu verdienen – aber nicht unbedingt, um dich wirklich zu schützen. Dazu gehören zum Beispiel Handyversicherungen, Brillenversicherungen oder Minipolicen für Koffer, Haushaltsgeräte oder Kopfhörer. Sie haben oft hohe Selbstbeteiligungen, viele Ausschlüsse und zahlen am Ende manchmal gar nicht das, was du erwartest. Wenn du dann einen Schaden meldest, heißt es oft: „Tut uns leid, das ist nicht versichert."

Du erkennst außerdem, dass du stattdessen auf etwas viel Besseres setzen kannst: einen Notgroschen. Ein Notgroschen ist einfach ein kleines Sparpolster für Dinge, die schiefgehen können. Wenn du dir selbst ein paar Euro zur Seite legst, kannst du kaputte Kleinigkeiten später problemlos selbst bezahlen – ganz ohne teure Versicherung. Das macht dich unabhängiger und spart dir langfristig Geld.

Du lernst auch, dass du später einmal im Jahr checken solltest, welche Versicherungen du überhaupt hast. Viele Menschen schließen etwas ab, vergessen es und bezahlen jahrelang dafür, ohne es zu brauchen. Wenn du regelmäßig aufräumst, wird dein Geldbeutel schwerer – und du zahlst nur noch für das, was wirklich sinnvoll ist: Schutz vor den großen, teuren Risiken.

Wort-Tresor

Selbstbeteiligung bedeutet, dass du einen Teil des Schadens selbst bezahlen musst, bevor die Versicherung etwas übernimmt.

Ausschlüsse sind Dinge, die eine Versicherung ausdrücklich nicht bezahlt – selbst wenn du denkst, sie sollte.

Notgroschen ist ein kleines Geldpolster, das du für unerwartete kleine Ausgaben zurücklegst.

Minipolice ist eine sehr kleine Versicherung, die nur einen winzigen Bereich abdeckt und oft nicht viel bringt.

4.7 Die gesetzliche Sozialversicherung

Worum geht's?

In diesem Kapitel geht es um etwas, das jeder Mensch in Deutschland automatisch bekommt, sobald er oder sie arbeitet: die gesetzliche Sozialversicherung. Sie besteht aus fünf Bereichen, die dich in wichtigen Lebenssituationen schützen. Das Besondere ist: Du musst nichts extra abschließen. Deine Beiträge werden automatisch vom Gehalt abgezogen. Viele Jugendliche wissen davon noch gar nichts, und viele Erwachsene verstehen es nur halb. Dabei ist es eigentlich ein ziemlich cleveres Sicherheitssystem, das dafür sorgt, dass niemand komplett ohne Schutz dasteht.

Was du lernst?

Du lernst, dass die gesetzliche Sozialversicherung aus fünf Teilen besteht: Krankenversicherung, Pflegeversicherung, Rentenversicherung, Arbeitslosenversicherung und Unfallversicherung. Diese Bereiche schützen dich in Situationen, in denen du selbst keinen Einfluss hast – zum Beispiel wenn du krank wirst, Pflege brauchst, deinen Job verlierst oder im Beruf einen Unfall hast.

Du erfährst auch, wie das praktisch funktioniert: Wenn du später ein Gehalt bekommst, zieht dein Arbeitgeber automatisch einen bestimmten Anteil davon ab und legt ihn gemeinsam mit seinem eigenen Anteil in die Sozialversicherung ein. Das passiert jeden Monat, ohne dass du etwas tun musst. Dadurch hast du immer eine Grundabsicherung – egal, ob du in einer Ausbildung, in deinem ersten Job oder später irgendwo angestellt bist.

Ein wichtiger Punkt ist, dass manche Beiträge nur bis zu einer bestimmten Einkommenshöhe berechnet werden. Das heißt: Wenn du irgendwann richtig gut verdienst, wird ab einem bestimmten Betrag nicht noch mehr Sozialbeitrag fällig. Außerdem lernst du, dass du manche Dinge selbst beeinflussen kannst – zum Beispiel welche Krankenkasse du auswählst. Andere Dinge laufen einfach automatisch im Hintergrund und geben dir Sicherheit für fast jede Lebenslage.

Wort-Tresor

Sozialversicherung ist ein System, das Menschen in verschiedenen Lebenssituationen finanziell schützt.

Beitrag bedeutet das Geld, das jeden Monat automatisch vom Gehalt abgeht.

Grundschutz heißt, dass du in wichtigen Bereichen automatisch abgesichert bist.

Arbeitgeberanteil ist der Teil der Beiträge, den dein Chef zusätzlich zu deinem eigenen Anteil bezahlt.

Kapitel 5: „No-Gos“ und „Must Have´s“

5.1 Die absoluten No-Gos im Umgang mit Geld

Worum geht’s?

In diesem Kapitel geht es um die größten Fehler, die man beim Umgang mit Geld machen kann. Viele dieser Fehler passieren nicht, weil jemand „dumm“ ist, sondern weil sie sich harmlos anfühlen. Oft starten Geldprobleme mit nur einem kleinen Klick, einer kleinen Rate oder einem schnellen „Ich hole mir das mal eben“. Genau diese Entscheidungen können dich später in Schwierigkeiten bringen – vor allem, wenn man sie nicht frühzeitig erkennt. Dieses Kapitel zeigt dir, welche Fallen du unbedingt vermeiden solltest.

Was du lernst?

Du lernst, warum Schulden für Dinge, die schnell ihren Wert verlieren, eine schlechte Idee sind. Dinge wie Handys, Klamotten oder ein spontaner Urlaub werden schnell alt oder sind nach ein paar Tagen vorbei – aber die Rechnung dafür bleibt oft monatelang. Ratenkäufe fühlen sich erst klein an, aber am Ende summieren sie sich und drücken jeden Monat auf dein Konto.

Du erfährst auch, warum Wörter wie „holen“, „gönnen“ oder „später zahlen“ so gefährlich sein können. Sie lassen große Ausgaben harmlos wirken. Wenn jemand sagt: „Hol dir das einfach, sind ja nur 20 € im Monat“, klingt das leicht – aber die 20 € kommen nicht nur einmal, sondern jeden Monat. Und plötzlich zahlst du drei, vier oder fünf solcher Raten gleichzeitig. Viele Jugendliche und Erwachsene tappen genau in diese Falle, ohne es zu merken.

Du lernst außerdem, warum du nie Verträge unterschreiben solltest, die du nicht komplett verstanden hast. Handyverträge, Abos, Fitnessstudiomitgliedschaften oder Ratenzahlungen sind voll von kleinen

Regeln, die später teuer werden können. Einmal unterschrieben, kommst du oft monatelang oder sogar jahrelang nicht mehr raus.

Und noch etwas Wichtiges: Sich mit anderen zu vergleichen, ist einer der größten Geldfehler überhaupt. Nur weil jemand aus deiner Klasse neue Schuhe oder ein teures Handy hat, heißt das nicht, dass du das auch brauchst oder dir leisten kannst. Viele Menschen kaufen Dinge nur, um „mithalten" zu können. Das bringt nichts, außer Stress.

Dieses Kapitel hilft dir, ein Gefühl dafür zu entwickeln, wann du auf die Bremse treten solltest. Ein kurzer Moment des Nachdenkens kann dir später viele Monate Ärger und Geldprobleme ersparen.

Wort-Tresor

Konsum bedeutet, Dinge zu kaufen, die Spaß machen, aber keinen Wert behalten.

Ratenkauf heißt, dass du etwas heute bekommst, aber in kleinen Beträgen über viele Monate bezahlst.

Vertrag ist eine verbindliche Abmachung – wenn du unterschreibst, musst du dich daran halten.

No-Go bedeutet ein absolutes „Mach das lieber nicht", weil es dir später schadet.

5.2. Die SCHUFA – Dein finanzieller Ruf

Worum geht's?

Die SCHUFA wirkt auf viele Jugendliche wie ein geheimnisvolles System, in dem irgendwelche Erwachsenen über dein Leben entscheiden. In Wirklichkeit ist sie viel einfacher zu verstehen: Die SCHUFA sammelt Informationen darüber, wie zuverlässig Menschen Rechnungen bezahlen. Sie ist keine Behörde, kein Gericht und auch kein „Bestrafungsservice". Sie ist eher wie ein Zeugnis oder ein Ruf, den du später in der Finanzwelt hast.

Sobald du älter wirst und eigene Verträge unterschreibst – zum Beispiel fürs Handy, für ein Bankkonto oder irgendwann für eine Wohnung – wollen Firmen wissen, ob du zuverlässig bist. Die SCHUFA hilft ihnen dabei. Sie vergibt Punkte, so ähnlich wie eine Art Score, der zeigt, wie wahrscheinlich es ist, dass du pünktlich zahlst. Je höher deine Punkte, desto einfacher bekommst du später Verträge oder bessere Konditionen. Und das Praktische ist: Du kannst deinen Score ganz einfach sauber halten, wenn du ein paar Grundregeln beachtest.

Was du lernst?

Du lernst, dass es gar nicht die SCHUFA selbst ist, die über Verträge entscheidet, sondern immer die Firmen. Die SCHUFA gibt ihnen nur eine Art Hinweis. Und du erfährst, dass dein Score aus mehreren kleinen Dingen entsteht. Je länger du ein Konto hast, desto besser. Je pünktlicher du Rechnungen zahlst, desto besser. Je weniger offene Mahnungen oder ungeklärte Zahlungen du hast, desto besser. Selbst viele unnötige Anfragen für neue Verträge können den Score kurzzeitig drücken. Das heißt: Auch wenn du nur ausprobieren willst, wie ein Kredit „aussehen würde", kann das später Spuren hinterlassen, wenn man nicht aufpasst.

Das Wichtigste ist aber: Es ist ganz leicht, seinen Ruf sauber zu halten. Bezahle alles rechtzeitig, reagiere auf Rechnungen und Mahnungen, übernimm keine Verträge, die du nicht verstehst, und prüfe später einmal im Jahr kostenlos deine eigenen SCHUFA-Daten. Wenn du das machst, bleibt dein Score stabil, und viele Dinge im Erwachsenenleben werden einfacher – egal ob Handyvertrag, Wohnung oder ein kleiner Kredit für größere Anschaffungen.

Wort-Tresor

SCHUFA: eine Firma, die speichert, wie zuverlässig du Rechnungen bezahlst.

Score bedeutet eine Punktzahl, die zeigt, wie zuverlässig du bist.

Bonität ist ein anderes Wort dafür, wie gut man einem Menschen finanziell vertrauen kann.

Konditionsanfrage beschreibt eine neutrale Anfrage, die deinen Score nicht verschlechtert.

5.3 Anti-Budget System

Bis hier haben wir uns die „No-Go´s" angeschaut und widmen uns nun in den nachfolgenden Kapiteln verschiedenen Systemen, die dir helfen dein Geld zu managen. Warum? Weil es ein „Must-Have" ist, eines der nun folgenden Systeme umzusetzen.

Worum geht's?

Anti-Budget heißt: Du pfeifst auf komplizierte Budgets, definierst nur einen festen Sparbetrag für jeden Monat – und ziehst den durch. Keine Tabellen, keine Kategorien, kein Mikromanagement. Du legst also fest: „Ich spare jeden Monat x Euro" – fertig. Ob du das am 1., am 15. oder am 28. machst, ist egal. Wichtig ist nur, dass es passiert. Der Rest des Geldes bleibt frei für deinen Alltag. Genau deshalb ist das Anti-Budget ein genialer Einstieg: Es ist radikal einfach und bringt dich trotzdem ins Tun.

Was du lernst?

Beim Anti-Budget zählt nur eine einzige Entscheidung: Wie hoch ist dein monatlicher Sparbetrag? Den stellst du zum Beispiel per Dauerauftrag ein – und lässt ihn jeden Monat laufen. Danach gibst du den Rest deines Geldes wie gewohnt aus. Keine Schuldgefühle, kein ständiges Kontrollieren. Warum funktioniert das so gut? Du nimmst die wichtigste Hürde: anfangen und dranbleiben. Du wartest nicht auf „perfektes Timing": Monatsanfang, Mitte, Ende beinahe egal. Schon kleine Beträge (5–10 €) bewirken über die Zeit viel. Du gehörst sofort zu den wenigen, die regelmäßig sparen, und das ist Welten besser als gar nichts zu sparen.

Praktischer Mini-Plan in drei Schritten:

1. Betrag wählen: „Ich spare monatlich 10 €."
2. Automatisch machen: Dauerauftrag auf ein Spar- oder Tagesgeldkonto.
3. Laufen lassen: Sparbetrag konsequent einhalten; den Rest normal nutzen. Optional: Erhöhe den Betrag später in kleinen Schritten (zum Beispiel alle 3–6 Monate +2 €). So wächst dein Sparen ohne Stress.

Wort-Tresor

Sparbetrag: der feste Betrag in Euro, den du jeden Monat zurücklegst.

Anti-Budget: ein System, bei dem du alles ausgibst außer deinem Sparbetrag – ganz ohne komplizierte Aufteilung.

Dauerauftrag: eine automatische Überweisung, die jeden Monat von selbst läuft.

5.4 Pay Yourself First (PYF) System

Worum geht's?

In diesem Kapitel geht es um eine super wichtige Idee, die dein ganzes Geldverhalten verändern kann: „Pay Yourself First", oder kurz PYF. Das bedeutet: Du bezahlst **am Monatsanfang** zuerst **dich selbst** – und erst danach alle anderen Dinge. Viele Menschen machen es genau andersherum: Sie geben den ganzen Monat Geld aus und hoffen, dass am Ende etwas übrig bleibt. Meistens bleibt aber nichts übrig. PYF dreht diesen Ablauf um und sorgt dafür, dass du automatisch sparst, ohne ständig darüber nachdenken zu müssen.

Was du lernst?

Du lernst, warum es so kraftvoll ist, am Anfang des Monats einen festen Betrag zurückzulegen, statt darauf zu warten, was am Ende übrig bleibt. Wenn du dich selbst zuerst „bezahlst", behandelst du deine Zukunft genauso wichtig wie deine aktuellen Wünsche. Du machst Sparen zu einer festen Regel, nicht zu einer optionalen Idee. Das sorgt dafür, dass du dein Geld klug nutzt und nicht alles für spontane Entscheidungen draufgeht.

Du erfährst auch, dass PYF nicht bedeutet, du sollst super streng sein oder gar keinen Spaß mehr haben. Ganz im Gegenteil: Wenn du gleich am Monatsanfang 5, 10 oder vielleicht 20 Euro automatisch sparst, kannst du den Rest deines Geldes entspannt ausgeben. Du musst dich nicht ständig selbst kontrollieren, denn das Wichtigste – dein Sparanteil – ist bereits erledigt. Du lernst außerdem, warum dieses System gerade für junge Menschen sehr sinnvoll ist. Du gewöhnst dich früh daran, dich selbst wichtig zu nehmen und etwas für deine Zukunft aufzubauen. Das ist eine Fähigkeit, von der du dein Leben lang profitierst. Viele Erwachsene wünschen sich, sie hätten genau damit früher angefangen.

Wort-Tresor

Priorität bedeutet, was dir besonders wichtig ist und zuerst erledigt wird.

Automatisieren heißt, dass etwas ganz von selbst passiert, ohne dass du jeden Monat daran denken musst.

Sparrate ist der Betrag, den du jeden Monat für dich selbst zurücklegst.

Zukunfts-Ich ist eine freundliche Art zu sagen: Du tust heute etwas Gutes für die Person, die du später sein wirst.

5.5 Budget Light (50/30/20)

Worum geht's?

In diesem Kapitel geht es um ein einfaches System, das dir hilft, dein Geld besser aufzuteilen, ohne dass es kompliziert wird: die 50/30/20-Regel, oft auch „Budget Light" genannt. Dieses System ist perfekt für alle, die einen Überblick haben wollen, aber keine Lust auf lange Tabellen oder genaue Aufzeichnungen haben. Es ist wie eine Art Orientierungslinie, die dir zeigt, wohin dein Geld ungefähr fließen sollte.

Was du lernst?

Du lernst, wie du dein Geld in drei große Bereiche einteilst. Die erste Gruppe sind die Notwendigkeiten – alles, was du wirklich brauchst. Dafür solltest du ungefähr 50 % einplanen. Die zweite Gruppe sind deine Wünsche – also Dinge, die Spaß machen. Dafür sind ungefähr 30 % gedacht. Die letzten 20 % nutzt du zum Sparen und Investieren, damit du dir langfristig etwas aufbauen kannst.

Und falls dir Prozentrechnung noch nichts sagt, kommt hier ein ganz einfaches Bild: Stell dir vor, du hast ein Päckchen mit zehn Eiern. Davon brauchst du– fünf Eier, um zu überleben (also für die wichtigen Dinge), – drei Eier, um Spaß im Leben zu haben,– und zwei Eier legst du weg. Diese beiden Eier sind dein „Notgroschen". Und wenn du sie klug anlegst, können diese „Eier" über die Zeit sogar mehr werden – so, als würden sie sich von alleine langsam vermehren.

Mit diesem Bild kannst du dir die 50/30/20-Regel super leicht merken.

Du erfährst hier außerdem, warum diese Regel so gut funktioniert: Sie zwingt dich nicht in ein enges Korsett, sondern gibt dir nur grobe Leitlinien. Du musst nicht jeden Cent tracken – du musst nur wissen, ob du ungefähr in diesen Bereichen bleibst. Das macht das System entspannt und leicht. Es hilft dir, gleichzeitig Spaß zu haben und an deine Zukunft zu denken. Und wenn du merkst, dass ein Bereich zu viel Platz einnimmt (zum Beispiel die „drei Eier für Spaß"), kannst du schnell gegensteuern.

Budget Light ist ideal, wenn du dein Taschengeld oder später dein erstes eigenes Einkommen sinnvoll einteilen möchtest. Es gibt dir ein gutes Gefühl für dein Geld, ohne dass du große Mathe-Künste brauchst.

Wort-Tresor

Notwendigkeiten sind Ausgaben, die du zum Leben wirklich brauchst.

Wünsche sind Dinge, die dein Leben schöner machen, aber nicht unbedingt nötig sind.

Sparen bedeutet, Geld beiseitezulegen, um später größere Ziele zu erreichen und Investitionen zu ermöglichen.

Investieren heißt, Geld so anzulegen, dass es über die Zeit für dich arbeitet.

5.6 Das 6-Konten „Jar-System"

Worum geht's?

In diesem Kapitel geht es um ein System, das dir hilft, dein Geld so aufzuteilen, dass alles Wichtige abgedeckt ist – und zwar ohne Stress und ohne ständiges Nachrechnen. Das 6-Konten-System (auch „Jar-System" genannt) ist wie ein Werkzeugkasten für deine Finanzen. Jedes „Konto" oder jeder „Topf" hat eine klare Aufgabe. Wenn du dein Geld so sortierst, weißt du immer, dass du sparst, investierst, lernst und trotzdem Spaß haben kannst. Dieses System ist etwas strukturierter und aufwendiger als die vorherigen Methoden – aber dafür unglaublich kraftvoll.

Was du lernst?

Du lernst, dass dein Geld nicht einfach in einem einzigen großen Haufen liegen sollte. Stattdessen verteilst du es nach festen Regeln auf sechs Bereiche:

1. **Notwendigkeiten** – für alles, was du wirklich brauchst.
2. **Finanzielle Freiheit** – das Geld, das für dich arbeiten soll, zum Beispiel durch Sparen oder Investieren.
3. **Rücklagen & größere Anschaffungen** – für Dinge, die irgendwann anstehen.
4. **Bildung** – für alles, was dir neue Fähigkeiten bringt.
5. **Spaß & Lifestyle** – Geld, das du ohne schlechtes Gewissen ausgeben darfst.
6. **Geben & Spenden** – für kleine Gesten, Hilfen oder Geschenke.

Du erfährst hier, wie dieses System dir hilft, ein gesundes Gleichgewicht zu halten. Viele Menschen sparen zwar, aber gönnen sich nie etwas – andere geben zu viel aus und haben dann kein Geld für wichtige Ziele. Mit diesem System passiert beides gleichzeitig: Du lebst und wächst finanziell. Egal, wie viel Geld du hast, funktioniert das System immer, weil du einfach mit kleinen Beträgen startest.

Besonders stark ist dieses System, weil es dir zeigt, dass Geld nicht nur zum Ausgeben da ist. Es kann dir helfen, dich weiterzubilden, etwas aufzubauen und später unabhängiger zu werden. Das 6-Konten-System erinnert dich jeden Monat daran, an allen wichtigen Lebensbereichen gleichzeitig zu arbeiten – Schritt für Schritt, ohne Druck.

Wort-Tresor

Topf oder „Jar" oder Konto bedeutet hier eine Art Unterteilung deines Geldes – du kannst es auch gedanklich sortieren.

Rücklagen sind Geldbeträge, die du für später aufbewahrst, falls etwas kaputtgeht oder du etwas Größeres kaufen willst.

Finanzielle Freiheit bedeutet, dass dein Geld irgendwann für dich arbeitet und nicht umgekehrt. Denke an den Zinseszinseffekt.

Bildung heißt, dass du in deine Fähigkeiten investierst – etwas, das dir später finanziell helfen kann.

5.7 Übersicht und Auswahlhilfe

Worum geht's?

In diesem Kapitel geht es darum, dir eine klare und einfache Übersicht über die vier Geld-Systeme zu geben, die du zuvor kennengelernt hast. Jedes System hat seine eigene Stärke – manche sind super einfach, manche etwas genauer, manche richtig strukturiert. Damit du nicht den Überblick verlierst, bekommst du hier eine kurze Zusammenfassung. So kannst du selbst entscheiden, welches System am besten zu deinem Leben passt. Und ganz wichtig: Es gibt kein „richtig" oder „falsch", sondern nur das System, das jetzt zu dir passt. Eines dieser Systeme umzusetzen, ist dabei ein „Must-Have".

Was du lernst?

Du lernst, dass die vier Systeme wie eine kleine Lern-Leiter funktionieren:

1. **Anti-Budget** – *super einfach, mega Start*

   Du sparst zuerst einen festen Betrag und gibst den Rest frei aus. Null Stress, null kompliziert – perfekt für Teenager und alle, die gerade anfangen.

2. **Pay Yourself First (PYF)** – *der nächste Level und für Teenager schon Profi-Niveau*

   Du bezahlst am Monatsanfang immer zuerst dich selbst. Dadurch wirst du automatisch jemand, der jeden Monat spart – egal was passiert.

3. **Budget Light (50/30/20)** – *die entspannte Struktur*

Du teilst dein Geld grob in drei Bereiche ein: 50 % Notwendiges, 30 % Wünsche, 20 % Sparen/Investieren. Super für junge Erwachsene oder wenn du etwas mehr Ordnung willst.

4. **Das 6-Konten-System** – *das Profi-Modell*

Dein Geld wird auf 6 Bereiche verteilt: Notwendiges, Freiheit, Rücklagen, Bildung, Spaß, Geben. Es bringt Struktur in dein Leben – ideal, wenn dein Geld bereits aus mehreren „Richtungen" kommt oder du Ziele hast, die du planst.

Du verstehst außerdem, dass du nicht alle Systeme kennen musst, um gut zu starten. Gerade als Teenager reichen Anti-Budget oder Pay Yourself First völlig aus – und bringen dir einen riesigen Vorteil gegenüber vielen Erwachsenen. Du fängst früher an, denkst klüger über Geld nach und baust dir automatisch Gewohnheiten auf, die dich ein Leben lang begleiten. Egal, für welches System du dich entscheidest: Wichtig ist, dass du überhaupt beginnst. Und wenn du merkst, dass sich dein Leben verändert, kannst du jederzeit zu einem anderen System wechseln. Geld ist nicht starr – und deine Methode muss es auch nicht sein. Hauptsache: Du hast die Kontrolle.

Wort-Tresor

System bedeutet hier eine feste Methode, wie du dein Geld einteilst.

Alltagstauglich heißt, dass etwas wirklich funktioniert – nicht nur in der Theorie.

Level meint, wie „fortgeschritten" ein System ist – von super einfach bis richtig strukturiert.

Gewohnheit bedeutet, dass du etwas so oft machst, bis es leicht wird und dir automatisch gelingt.

Kapitel 6: Grober Überblick Bank & Anlagemöglichkeiten

6.1 Das Bankensystem in Deutschland

Worum geht's?

In diesem Kapitel geht es darum zu verstehen, wie das Bankensystem in Deutschland aufgebaut ist und warum es überhaupt verschiedene Arten von Banken gibt. Viele denken: „Eine Bank ist eine Bank." Aber das stimmt nicht. Jede Bankengruppe hat ihre eigenen Aufgaben, Ziele und Stärken. Und im Hintergrund sorgen große Institutionen dafür, dass unser Geld stabil bleibt und Zahlungen sicher funktionieren.

Was du lernst?

Du lernst zuerst, dass im Hintergrund zwei sehr wichtige Organisationen stehen: die Deutsche Bundesbank und die Europäische Zentralbank (EZB). Sie achten darauf, dass der Euro stabil bleibt, dass Preise nicht verrückt spielen und dass Überweisungen und Kartenzahlungen sicher laufen. Das ist der „Backstage-Bereich" unseres Geldsystems – du siehst ihn nicht, aber ohne ihn würde der Alltag nicht funktionieren.

Jetzt lernst du die Banken kennen, die du aus dem Alltag kennst:

- **Geschäftsbanken** wie die Deutsche Bank, Commerzbank oder ING. Diese Banken wollen Gewinne machen und bringen oft moderne Apps, schnelle Services und viele Produkte wie Konten, Karten, Kredite oder Depots.
- **Volksbanken und Raiffeisenbanken:** Sie gehören ihren Mitgliedern – also den Kunden selbst – und legen viel Wert auf persönliche Beratung und Nähe zur Region.
- **Sparkassen:** Sie gehören Städten oder Landkreisen und haben die Aufgabe, die regionale Wirtschaft zu unterstützen. Sie haben oft sehr viele Filialen und sind für viele Familien die „Hausbank".

- **Direktbanken und App-Banken**. Sie haben keine Filialen, funktionieren komplett digital und sind oft besonders günstig. Viele Jugendliche starten mit so einem Konto, weil es einfach und modern ist.

Du lernst außerdem, dass viele Erwachsene zwei Banken gleichzeitig nutzen: Eine Online-Bank für den schnellen Alltag und eine persönliche Bank vor Ort, wenn sie Beratung brauchen oder später einen Kredit möchten. Wenn du verstehst, wie die Banktypen aufgebaut sind, kannst du später die Bank wählen, die am besten zu deinem Leben passt.

Wort-Tresor

Zentralbank: Die oberste Geld-Instanz, die dafür sorgt, dass unser Geld stabil bleibt.

Geschäftsbank: Eine normale Bank, die Gewinne machen will und viele digitale Angebote hat.

Genossenschaftsbank: Eine Bank, die ihren Mitgliedern gehört und sehr regional arbeitet.

Sparkasse: Eine Bank, die Städten oder Landkreisen gehört und die Region unterstützt.

Direktbank: Eine Bank ohne Filialen, die komplett über App oder Online funktioniert.

6.2 Grundvoraussetzung: Dein erstes Girokonto

Worum geht's?

In diesem Kapitel geht es darum, was ein Girokonto eigentlich ist und warum es der wichtigste Baustein für deine eigene finanzielle Selbstständigkeit ist. Ein Girokonto ist so etwas wie deine persönliche Geldzentrale. Dort kommt dein Geld an – zum Beispiel Taschengeld, Ferienjob-Gehalt oder später dein Ausbildungslohn – und von dort geht dein Geld wieder weg, wenn du etwas bezahlst oder überweist. Ohne ein Girokonto läuft heute nichts mehr: keine Kartenzahlung, kein Online-Shopping, keine Überweisung. Ein Girokonto ist also dein Einstieg in die Welt der Finanzen.

Was du lernst?

Du lernst hier, dass man ein Girokonto sehr einfach eröffnen kann – aber wie das genau funktioniert, hängt davon ab, wie alt du bist. Wenn du noch minderjährig bist, brauchst du dafür immer die Zustimmung deiner Eltern. Viele Banken bieten dafür spezielle **Jugendkonten** an. Diese sind meist kostenlos, sehr sicher und lassen keine Schulden zu (du kannst also nicht ins Minus rutschen). Sobald du 18 bist, kannst du dein Konto selbst eröffnen und völlig frei darüber verfügen.

Du hast im vorherigen Kapitel bereits erfahren, dass es unterschiedliche Banken gibt, die alle ein Girokonto anbieten, aber auf unterschiedliche Weise arbeiten.

Du lernst worauf du achten solltest: Ist das Konto wirklich kostenlos? Bekommst du eine Karte oder nur eine App? Gibt es einen Dispokredit (und möchtest du diesen überhaupt)? Wie gut funktioniert die Banking-App?

Wenn du das alles weißt, kannst du später das Konto auswählen, das perfekt zu deinem Alltag passt – einfach, sicher und ohne unnötige Kosten.

Wort-Tresor

Girokonto: dein Hauptkonto für Ein- und Auszahlungen – quasi deine Geldzentrale.

Jugendkonto: ein Konto speziell für unter 18-Jährige, das sehr sicher ist und keine Schulden erlaubt.

Filialbank: eine Bank mit echten Räumen vor Ort, in die du reingehen kannst.

Direktbank: eine Bank ohne Filialen, die komplett digital funktioniert.

Dispo (Dispositionskredit): eine Art Notfall-Kredit, der automatisch aktiviert wird, wenn dein Konto ins Minus geht – aber oft sehr teuer ist.

6.3 Tagesgeld & Festgeld

Worum geht's?

In diesem Kapitel geht es darum zu verstehen, wie Tagesgeld und Festgeld funktionieren. Beides sind sehr einfache und sichere Möglichkeiten, dein Geld zu parken. Du bekommst dort Zinsen, also ein kleines Extra für dein Geld. Tagesgeld und Festgeld eignen sich vor allem dafür, ein finanzielles Polster aufzubauen. Sie machen dich nicht reich, aber sie schützen dein Geld davor, an Wert zu verlieren. Diese Konten sind besonders für den Anfang wichtig, weil du dort sparst, ohne ein Risiko eingehen zu müssen.

Was du lernst?

Du lernst, dass ein Tagesgeldkonto wie ein normales Sparkonto funktioniert, auf das du jederzeit zugreifen kannst. Wenn dein Handy kaputtgeht oder du plötzlich Geld brauchst, kannst du sofort Geld vom Tagesgeldkonto auf dein Girokonto überweisen. Der Vorteil ist die Flexibilität: Dein Geld bleibt jederzeit verfügbar, während es gleichzeitig Zinsen bringt, also anders als auf dem normalen Girokonto.

Beim Festgeld ist es etwas anders. Du legst dein Geld hier für eine vereinbarte Zeit fest – zum Beispiel sechs Monate oder ein Jahr. Während dieser Zeit kannst du das Geld nicht abheben. Dafür bekommst du aber höhere Zinsen als beim Tagesgeld. Festgeld eignet sich also für Geld, das du eine Weile nicht brauchst und sicher „liegenlassen" möchtest.

Du lernst außerdem, warum diese Konten so sicher sind. Sie sind durch die gesetzliche Einlagensicherung geschützt – bis zu einem hohen Betrag pro Person und Bank. Das bedeutet, dass deine Ersparnisse selbst dann sicher wären, wenn eine Bank Schwierigkeiten hätte. Auch erfährst du, wie ein Dauerauftrag dir helfen kann: Wenn du jeden Monat automatisch etwas auf dein Tagesgeld überweist, wächst dein Notgroschen wie von selbst. Dadurch wird Sparen zu einer Gewohnheit, die fast ohne Aufwand funktioniert.

Wort-Tresor

Tagesgeld: ein Konto, auf dem dein Geld jederzeit verfügbar bleibt und Zinsen erhält.

Festgeld: ein Konto, bei dem dein Geld für eine feste Zeit gesperrt ist, dafür aber oft etwas höhere Zinsen bringt.

Einlagensicherung: ein gesetzlicher Schutz, der dein Geld bis zu einem bestimmten Betrag absichert.

Notgroschen: Geld, das du für Notfälle zurücklegst, damit du in schwierigen Momenten finanziell entspannt bleibst.

6.4 Exchange Traded Funds (ETF´s)

Worum geht's?

In diesem Kapitel lernst du eine sehr einfache Art kennen, wie man langfristig investieren kann: ETFs. Stell dir einen ETF wie eine große Box vor, in der nicht nur eine Firma steckt, sondern gleich viele auf einmal. Diese Box bildet einen „Index" nach – also eine Liste von Unternehmen, zum Beispiel aus vielen Ländern. Dadurch bist du mit nur einem Kauf direkt breit gestreut und musst nicht raten, welche einzelne Aktie gerade „am besten" ist. ETFs sind meist günstig, weil sie nicht von einem Manager aktiv gesteuert werden, sondern einfach dem Index folgen. So bekommst du mit wenig Aufwand eine clevere, entspannte Geldanlage für viele Jahre.

Was du lernst?

Du lernst, warum eine breite Streuung so wichtig ist: Wenn viele Unternehmen in deiner ETF-Box stecken, bist du nicht von einer einzigen Firma abhängig. Läuft eine mal schlecht, gleichen andere das oft aus. Genau das macht ETFs für Einsteiger so attraktiv. Außerdem verstehst du, dass ETFs zwar schwanken können – mal geht es rauf, mal runter –, aber sie sind auf lange Sicht gemacht. Wer geduldig bleibt, hat historisch gesehen gute Chancen auf Wachstum. Du erfährst auch, wie ein ETF-Sparplan funktioniert: Du wählst einen festen Betrag pro Monat und die Bank kauft automatisch regelmäßig Anteile für dich. So nutzt du den Cost-Average-Effekt, denn mal kaufst du teurer, mal günstiger; auf Dauer gleicht sich das aus und du musst nicht ständig über Timing nachdenken. Um in ETFs zu investieren, brauchst du ein Wertpapierdepot bei einer Bank oder einem Broker; das Einrichten geht heute oft bequem per App.

Wort-Tresor

Index: eine feste Liste von Unternehmen, die einen Markt abbildet; ein ETF folgt dieser Liste.

Diversifikation: Verteilung deines Geldes auf viele Firmen gleichzeitig, um das Risiko zu senken.

Sparplan: eine automatische Regel, die jeden Monat einen Betrag in deinen ETF investiert.

Wertpapierdepot: dein „Aufbewahrungsort" für ETFs und andere Anlagen bei einer Bank oder einem Broker.

6.5 Anleihen

Worum geht's?

In diesem Kapitel geht es darum, was Anleihen eigentlich sind und warum sie eine Art ruhigere Geldanlage sein können. Eine Anleihe funktioniert im Grunde so: Du leihst jemandem Geld – zum Beispiel einem Staat oder einem Unternehmen und bekommst dafür regelmäßig Zinsen. Man kann es sich vorstellen wie einen umgedrehten Kredit. Normalerweise nimmt man selbst bei einer Bank Kredit auf. Bei Anleihen ist es andersrum: Du bist die Person, die das Geld verleiht.

Was du lernst?

Du lernst, dass es zwei Hauptarten von Anleihen gibt: Staatsanleihen und Unternehmensanleihen. Wenn du Geld an einen Staat verleihst, gilt das meist als ziemlich zuverlässig, weil Staaten in der Regel gut zahlen können. Dafür sind die Zinsen aber oft niedriger. Wenn du Geld an ein Unternehmen verleihst, sind die Zinsen meist höher, weil ein Unternehmen eher mal Probleme bekommen könnte als ein Staat. Dieses zusätzliche Risiko wird durch höhere Zinsen belohnt.

Du erfährst auch, dass der Wert einer Anleihe steigen oder fallen kann, wenn du sie vor dem Ende der Laufzeit verkaufst. Das liegt daran, dass sich Zinsen am Markt ständig verändern. Wenn du deine Anleihe aber einfach bis zum Ende behältst, bekommst du dein geliehenes Geld wieder zurück – plus die regelmäßigen Zinszahlungen während der Zeit. Deshalb mögen viele Menschen Anleihen: Sie bringen Ordnung und Ruhe in ein Depot. Sie schwanken meistens weniger als Aktien und geben dir eine feste Verzinsung, solange du sie hältst.

Außerdem lernst du, dass es Anleihe-ETFs gibt. Damit kaufst du nicht nur eine einzelne Anleihe, sondern gleichzeitig viele verschiedene. Dadurch bist du breiter aufgestellt und musst dich nicht darum kümmern, selbst einzelne Anleihen auszuwählen. Für Anfänger ist das oft bequemer und leichter zu verstehen.

Wort-Tresor

Anleihe: eine Art Kredit, bei dem du dein Geld jemandem leihst und dafür Zinsen bekommst.

Zinsen: das Extra-Geld, das du regelmäßig erhältst, weil du dein Geld verliehen hast.

Laufzeit: der Zeitraum, bis du dein geliehenes Geld wieder zurückbekommst.

Anleihe-ETF: eine Sammlung vieler Anleihen, die du wie eine einzige Geldanlage kaufen kannst.

6.6 Aktien und Aktienfonds

Worum geht's?

In diesem Kapitel geht es darum zu verstehen, was Aktien eigentlich sind und warum sie eine der bekanntesten Möglichkeiten sind, langfristig Vermögen aufzubauen. Eine Aktie ist ein winziger Teil eines Unternehmens. Wenn du eine Aktie kaufst, besitzt du damit einen kleinen Anteil dieser Firma. Wenn das Unternehmen erfolgreich ist, wächst der Wert der Aktie – und du kannst davon profitieren. Gleichzeitig können Aktien im Wert schwanken, weil ihr Preis davon abhängt, wie viele Menschen diese Aktie kaufen oder verkaufen wollen. Aktienfonds funktionieren ähnlich, aber sie enthalten viele verschiedene Aktien in einem Paket, damit du nicht alles auf ein einzelnes Unternehmen setzt.

Was du lernst?

Du lernst, dass Aktien spannend sein können, aber auch Schwankungen haben. Ihr Wert kann steigen, aber auch fallen – manchmal sogar ziemlich schnell. Deshalb eignen sie sich eher für langfristiges Investieren, nicht für kurzfristiges „hin und her". Du erfährst auch, warum Aktienfonds oder ETFs für Anfänger oft besser geeignet sind als einzelne Aktien. In einem Fonds stecken viele Firmen gleichzeitig, zum Beispiel aus Technik, Lebensmittel, Sport oder Mode. Wenn eine Firma schlecht läuft, gleichen die anderen das meist wieder aus. So bist du breiter aufgestellt und trägst weniger Risiko als bei einer einzigen Aktie.

Außerdem verstehst du, warum es nicht sinnvoll ist, ständig zu versuchen, den „perfekten Zeitpunkt" zu finden. Niemand weiß zuverlässig, wann eine Aktie am günstigsten ist. Viel wichtiger ist es, regelmäßig kleine Beträge zu investieren und das Ganze über viele Jahre laufen zu lassen. So entsteht dank Zeit und Wachstum ein echter Vermögensvorteil – ganz ohne Stress oder ständiges Beobachten der Märkte.

Wort-Tresor

Aktie: ein kleiner Anteil an einem Unternehmen. Wenn das Unternehmen wächst, kann deine Aktie im Wert steigen.

Fonds: ein Paket aus vielen Aktien, das von Profis zusammengestellt wird, damit das Risiko verteilt ist.

Kurs: der aktuelle Preis einer Aktie oder eines Fonds, der ständig schwankt.

Langfristig investieren: bedeutet, Geld über viele Jahre anzulegen und nicht bei jeder Bewegung nervös zu werden.

6.7 Gold – glänzend, wichtig aber kein Turbo

Worum geht's?

In diesem Kapitel geht es darum zu verstehen, was Gold als Geldanlage kann – und was nicht. Gold wirkt für viele Menschen besonders wertvoll, weil es seit Tausenden Jahren als etwas „Sicheres" gilt. Es rostet nicht, es kann nicht einfach kaputtgehen, und es war schon immer etwas Besonderes. Aber Gold hat auch eine Schwäche: Es wächst nicht von selbst. Es gibt dir keine Zinsen und keine Gewinne wie eine Firma oder eine Immobilie. Gold ist also eher ein Schutzschild als ein Motor.

Was du lernst?

Du lernst, dass Gold zwar im Preis steigen kann, aber eben auch fallen kann – und dass es sich dabei ganz anders verhält als Aktien oder Immobilien. Der Wert von Gold hängt stark davon ab, wie sich die Welt anfühlt: Wenn viele Menschen Angst vor Krisen haben, kaufen sie Gold, und der Preis steigt. Wenn die Welt ruhig ist und die Wirtschaft gut läuft, interessiert sich oft kaum jemand dafür, und der Preis bleibt stehen oder sinkt.

Du verstehst auch, warum Gold für Jugendliche meistens keine erste Anlage ist. Beim Sparen und Investieren geht es am Anfang vor allem darum, Vermögen aufzubauen. Gold hilft dir dabei nicht besonders gut, weil es eben keine Erträge erzeugt. Es ist aber später eine gute Ergänzung, wenn du schon etwas Vermögen hast und einen Teil davon stabil halten möchtest. Gold kann dir helfen, dein Geld breiter zu streuen, damit nicht alles von der Entwicklung der Wirtschaft oder einzelner Firmen abhängt.

Gold ist also ein nützlicher Baustein, aber erst später. Wenn du jung bist, ist es wichtiger, in Dinge zu investieren, die wirklich wachsen und dir regelmäßig Gewinn bringen können. Gold schützt – aber es beschleunigt nichts.

Wort-Tresor

Rohstoff: etwas, das aus der Natur kommt und verarbeitet oder gehandelt wird – wie Gold oder Silber.

Wertschwankung: bedeutet, dass der Preis mal steigt und mal fällt.

Diversifikation: dein Geld auf verschiedene Anlagen zu verteilen, damit du nicht alles auf eine Karte setzt.

Schutzanlage: eine Anlage, die dein Vermögen stabilisieren soll, auch wenn sie selbst nicht stark wächst.

6.8 Immobilien – aka „Betongold"

Worum geht's?

In diesem Kapitel geht es darum zu verstehen, warum viele Menschen Immobilien – also Wohnungen oder Häuser – als etwas sehr Wertvolles betrachten. Man nennt Immobilien manchmal „Betongold", weil sie nicht einfach verschwinden können und oft stabil im Wert bleiben. Immobilien sind etwas für die Zukunft, denn sie kosten viel Geld und funktionieren eher langfristig. Trotzdem ist es für dich als Teenager sehr hilfreich, schon jetzt eine Grundidee davon zu haben, wieso Immobilien für viele Menschen ein wichtiger Teil ihres Vermögens sind.

Was du lernst?

Du lernst, dass Immobilien vor allem Eines bieten: Sicherheit und langfristiges Wachstum. Wenn jemand eine Wohnung kauft und sie vermietet, bekommt er jeden Monat Miete. Diese Miete hilft dabei, den Kredit für die Wohnung abzubezahlen. Gleichzeitig gehört dem Käufer nach und nach immer mehr von der Wohnung, weil die Schulden kleiner werden. Das nennt man Tilgung. Mit der Zeit wird die Wohnung also mehr und mehr „zu seinem eigenen Vermögen".

Außerdem erfährst du, dass Immobilien oft im Wert steigen. Das passiert nicht von heute auf morgen, aber über viele Jahre kann eine gute Lage dafür sorgen, dass eine Wohnung teurer wird. Dadurch entsteht Vermögensaufbau, ohne dass man ständig etwas dafür tun muss. Und falls die Preise steigen, steigen meist auch die Mieten. Das macht Immobilien zu einem recht stabilen Schutz gegen die Inflation.

Du lernst ebenfalls, dass man Immobilien oft nicht komplett mit eigenem Geld kaufen muss. Banken geben dafür Kredite, und genau das ist ein großer Vorteil. Man nutzt also einen sogenannten Hebel. Das bedeutet: Mit wenig eigenem Geld kann man ein großes Objekt finanzieren, und die Mieter helfen durch ihre Miete, diesen Kredit abzuzahlen. Wenn das Objekt gut ausgewählt ist, kann diese Kombination aus Wertewachstum,

Miete und Kreditabbau langfristig sehr stark sein. Immobilien sind aber etwas, das man erst angeht, wenn man älter ist und mehr Erfahrung und Verantwortung mitbringt. Jetzt ist es wichtig, nur das Grundprinzip zu verstehen.

Wort-Tresor

Immobilie: ein Haus oder eine Wohnung, die dir gehört und die du nutzen oder (besser noch) vermieten kannst.

Miete: das Geld, das ein Mieter monatlich zahlt, wenn er in einer Wohnung wohnt, die jemand anderem gehört.

Tilgung: der Teil der Kreditrate, der die Schulden jeden Monat kleiner macht.

Hebel: die Möglichkeit, mit wenig eigenem Geld etwas Großes zu finanzieren, weil die Bank den Rest dazu gibt.

6.9. Vergleichende Zusammenfassung der Anlageformen

Worum geht's?

In diesem Kapitel geht es darum zu verstehen, wie unterschiedlich Geldanlagen wachsen können. Jede Anlageform hat ihre eigene „Art", Rendite zu machen. Manche wachsen langsam, sind dafür aber sehr sicher. Andere wachsen schneller, schwanken aber stärker. Wenn du verstehst, wie sich die verschiedenen Anlagen ungefähr entwickeln, kannst du viel besser einschätzen, welche für deine Zukunft wichtig sein können.

Was du lernst?

Du lernst, dass verschiedene Anlageformen unterschiedliche Aufgaben erfüllen. Tagesgeld und Festgeld sind sehr sicher, bringen aber nur wenig Gewinn pro Jahr. Staatsanleihen und Unternehmensanleihen liegen etwas höher, schwanken aber trotzdem nicht so stark wie Aktien. Gold bewegt sich irgendwo dazwischen, weil sein Preis mal hoch, mal niedrig sein kann, aber auf lange Sicht recht stabil bleibt.

Du erfährst auch, dass Immobilien und Aktien zu den Anlagen gehören, die langfristig stärkere Renditen bieten können. Eine vermietete Immobilie bringt dir regelmäßige Mieteinnahmen und kann über die Jahre im Wert steigen. Aktien und Aktienfonds können ebenfalls gut wachsen, auch wenn sie manchmal stark hin- und herschwanken.

Der spannendste Teil ist aber der Unterschied bei Immobilien: Wenn du eine Immobilie ohne Kredit kaufst, ist die Rendite ordentlich, aber noch normal. Wenn du jedoch – wie es Erwachsene später oft tun – einen großen Teil über die Bank finanzierst, kann die Rendite auf dein eigenes Geld sehr viel höher ausfallen. Das nennt man Hebelwirkung. Dieser Effekt macht deutlich, warum Immobilien bei vielen Menschen ein wichtiger Baustein ihres Vermögens sind.

Am Ende verstehst du: Es gibt nicht „die beste Anlage", sondern jede Anlageform erfüllt einen eigenen Zweck. Wichtig ist, dass du später eine Mischung findest, die sicher ist, wächst und zu deinem Leben passt.

Wort-Tresor

Rendite: zeigt dir, wie viel Gewinn du pro Jahr mit einer Anlage machst.

Risiko: beschreibt, wie stark eine Anlage im Wert schwanken kann.

Langfristig: bedeutet, über viele Jahre hinweg, nicht nur ein paar Monate.

Hebelwirkung: wenn du durch einen Bankkredit mit wenig eigenem Geld eine größere Anlage kaufen kannst und dadurch deine persönliche Rendite steigt.

6.10 Exkurs: Bausparvertrag – deutscher Klassiker

Worum geht's?

In diesem Kapitel geht es darum zu verstehen, was ein Bausparvertrag eigentlich ist und warum er in Deutschland so bekannt und beliebt ist. Viele Eltern oder Großeltern haben so einen Vertrag, und manche schließen sogar für ihre Kinder einen ab. Ein Bausparvertrag klingt oft wie etwas „Sicheres", das man einfach haben sollte – aber was steckt dahinter?

Was du lernst?

Ein Bausparvertrag besteht aus zwei Teilen: Zuerst sparst du über mehrere Jahre Geld an. Dieses angesparte Geld bringt meistens nur sehr geringe Zinsen. Der entscheidende Punkt kommt erst später: Durch das Ansparen bekommst du das Recht auf ein festes Darlehen – also einen Kredit zu einem vorher festgelegten Zinssatz. Genau das macht Bausparen für viele Menschen attraktiv. Sie wissen schon heute, zu welchem Zins sie in Zukunft ein Haus oder eine Wohnung finanzieren könnten.

Du erfährst auch, warum der Bausparvertrag besonders in Deutschland beliebt ist. Viele Menschen mögen Sicherheit und feste Regeln. Ein Vertrag, der genau sagt, welche Zinsen du später zahlst, fühlt sich verlässlich an – auch wenn die Zinsen bis dahin steigen oder fallen. Gleichzeitig gibt es manchmal staatliche Förderungen, die Bausparen zusätzlich interessant machen können.

Aber du lernst auch die andere Seite kennen. Das Geld, das du in der Sparphase einzahlst, wächst kaum. Es gibt oft flexiblere und renditestärkere Möglichkeiten, Geld zu sparen oder zu investieren. Wenn du später gar keine Immobilie kaufen möchtest oder dir noch gar nicht sicher bist, kann ein Bausparvertrag sogar unpraktisch sein, weil er sehr langfristig läuft und wenig Gewinn bringt. Deshalb ist er nicht automatisch die beste Wahl für jeden.

Am Ende verstehst du: Ein Bausparvertrag kann sinnvoll sein – aber nur, wenn du wirklich weißt, dass du in Zukunft ein Haus oder eine Wohnung kaufen willst und dir eine feste Planung wichtig ist. Fürs reine Vermögensaufbauen gibt es meist bessere Wege. Wichtig ist nicht, Traditionen zu folgen, sondern das System zu verstehen und bewusst zu entscheiden, ob es zu deinem zukünftigen Leben passt.

Wort-Tresor

Bausparvertrag: eine Kombination aus Sparen und dem Recht auf ein späteres Darlehen zu festen Zinsen.

Darlehen: ein Kredit, den du später zurückzahlst – hier für den Kauf einer Immobilie.

Sparphase: die Zeit, in der du Geld in den Vertrag einzahlst, bevor du den Kredit bekommst.

Zinssicherheit: bedeutet, dass du schon heute weißt, wie hoch dein späterer Kreditzins sein wird.

6.11 Exkurs: Krypto & Blockchain – Innovation vs. Spekulation

Worum geht's?

In diesem Kapitel geht es darum zu verstehen, was hinter Kryptowährungen wie Bitcoin steckt – und warum dieser Bereich zwar super modern und interessant ist, aber auch ziemlich riskant. Viele Jugendliche hören in Videos oder auf Social Media, dass man mit Krypto schnell reich werden kann. Die Wahrheit ist viel komplizierter. Hinter Krypto steckt eine Technologie namens Blockchain, die tatsächlich sehr spannend ist. Aber die Preise von Kryptowährungen können extrem schwanken, weil sie stark von Erwartungen, Trends und Emotionen beeinflusst werden.

Was du lernst?

Du lernst zuerst, was eine Blockchain überhaupt ist. Man kann sie sich wie ein digitales Notizbuch vorstellen, das auf vielen Computern gleichzeitig liegt. Jeder Eintrag wird geprüft, bestätigt und dauerhaft gespeichert. Dadurch ist die Blockchain sehr fälschungssicher und transparent. Genau diese Technik ist der Grund, warum viele Menschen glauben, dass Blockchain in der Zukunft eine wichtige Rolle spielen könnte – zum Beispiel bei Verträgen, digitalen Gütern oder sicheren Datenübertragungen.

Du erfährst aber auch, dass Kryptowährungen nicht automatisch ein gutes Investment sind. Die Preise hängen nicht von echten Unternehmensgewinnen oder Mietzahlungen ab, sondern oft von Gerüchten, Hoffnungen und der Stimmung im Markt. Ein Coin kann an einem Tag stark steigen und am nächsten Tag stark fallen. Dazu kommen Risiken wie Hackerangriffe, fehlende Regeln, Betrugsmaschen oder der Verlust des eigenen Zugangs, wenn man seine Schlüssel nicht richtig sichert.

Außerdem lernst du, dass viele Experten empfehlen, Krypto erst dann in Betracht zu ziehen, wenn man schon ein solides Fundament hat – also Ersparnisse, Notgroschen, sichere Anlagen und erste langfristige Investitionen. Für Jugendliche ist Krypto daher eher ein Thema fürs Verstehen, nicht fürs Investieren. Der beste Schritt ist, die Technologie zu kennen, aber finanziell mit beiden Füßen auf sicherem Boden zu bleiben.

Am Ende verstehst du: Krypto ist spannend und die Blockchain ist eine echte Innovation. Aber als Geldanlage ist Krypto für junge Menschen sehr riskant. Wissen darüber zu haben ist super – investieren musst du darin aber nicht.

Wort-Tresor

Blockchain: eine fälschungssichere digitale Technik, die Daten dauerhaft speichert.

Kryptowährung: digitales Geld wie Bitcoin, dessen Preis sich stark verändern kann, in der Regel aber kein offizielles Zahlungsmittel ist.

Volatilität: bedeutet, dass ein Preis sehr schnell stark steigt oder fällt.

Spekulation: wenn man eher „zockt" statt langfristig bewusst investiert.

6.12 Exkurs: Autokauf

Worum geht's?

In diesem Kapitel geht es darum zu verstehen, wie man ein Auto finanzieren kann – und warum es große Unterschiede macht, woher das Geld dafür kommt. Viele Jugendliche glauben, dass ein Autokredit einfach ein Autokredit ist. In Wirklichkeit gibt es verschiedene Wege, ein Auto zu finanzieren, und manche wirken auf den ersten Blick günstiger, sind es aber im Gesamtpreis nicht. Besonders wichtig ist es zu wissen, dass nicht die monatliche Rate entscheidend ist, sondern wie viel du am Ende insgesamt bezahlst.

Was du lernst?

Du lernst, dass viele Autohäuser über sogenannte Herstellerbanken besonders niedrige Zinsen anbieten. Das klingt erstmal super, weil man denkt: „Cool, die Finanzierung ist voll billig!" Aber die niedrigen Zinsen kommen oft nur zustande, weil die Autohäuser dafür kaum Rabatte auf den Kaufpreis geben. Am Ende zahlst du vielleicht weniger Zinsen, aber insgesamt trotzdem mehr Geld für das Auto. Bei einer Finanzierung über deine eigene Bank bekommst du zwar manchmal einen etwas höheren Zinssatz, kannst aber beim Händler einen viel größeren Preisnachlass verhandeln – und am Ende ist die Gesamtsumme oft niedriger.

Du erfährst außerdem, warum manche Finanzierungsmodelle sehr gefährlich sein können. Dazu gehört zum Beispiel die Ballonfinanzierung. Dabei zahlst du eine kleine Monatsrate, aber am Ende kommt eine riesige Schlusszahlung auf dich zu. Viele unterschätzen das und stehen später vor einem Problem, wenn sie die Schlussrate nicht auf einmal zahlen können. Deshalb ist es wichtig, immer auf die Gesamtkosten zu schauen, nicht nur auf das, was monatlich abgebucht wird.

Du lernst auch, warum der erste Autokauf am besten so günstig wie möglich sein sollte. Ein solides, verlässliches Auto ist wichtiger als ein besonders schickes Modell. Denn neben dem Kaufpreis kommen noch viele weitere Kosten auf dich zu – Versicherung, Sprit, Wartung, Reifen oder Reparaturen. All das gehört zu einer guten Entscheidung dazu. Je besser du das verstehst, desto leichter kannst du später eine kluge Wahl treffen, statt in eine Schuldenfalle zu geraten.

Wort-Tresor

Herstellerbank: eine Bank des Autoherstellers, die spezielle Finanzierungsangebote für bestimmte Modelle macht.

Rabatt: der Preisnachlass, den du beim Händler verhandeln kannst.

Ballonfinanzierung: eine Kreditform mit kleinen Monatsraten und einer sehr großen Schlussrate am Ende.

Gesamtkosten: der Betrag, den du nach allen Raten und Gebühren wirklich bezahlt hast – der entscheidende Wert.

Kapitel 7: Deep-Dive Immobilien am Real-Talk-Beispiel

Worum geht's?

In diesem Kapitel geht es darum, wie man mit Immobilien langfristig Geld verdienen kann – und zwar nicht durch schnellen Kauf und Verkauf, sondern durch das ruhige, solide Modell „Kaufen und Halten bzw. Vermieten". Natürlich bist du als Teenager noch weit davon entfernt, dir eine eigene Wohnung zu kaufen. Es geht darum, die Grundideen kennenzulernen. Wenn du dieses Wissen einmal verstanden hast und einfach ein bisschen dranbleibst, kannst du es vielleicht bis zu deinem 30. Geburtstag oder irgendwann später nutzen, um selbst eine wirklich kluge erste Immobilienentscheidung zu treffen.

Damit dir die Inhalte leichter fallen, begleiten dich in diesem Kapitel drei kleine Comic-Charaktere. Jeder von ihnen steht für einen bestimmten Typ Mensch, wie er später mit Geld und Immobilien umgeht – und du wirst dich bestimmt in einem von ihnen ein bisschen wiederfinden.

Richard Richtig geht alles mit Ruhe, Plan und System an. Er informiert sich, vergleicht Zahlen und trifft Entscheidungen, die langfristig Sinn ergeben. Er zeigt, wie man solide vorgeht, ohne Stress und ohne Chaos.

Fridolin Fast ist etwas spontaner. Er macht nicht immer alles perfekt, aber er startet, probiert aus, lernt dazu – und bleibt dran. Er zeigt, dass auch der „nicht perfekte Weg" viel besser ist als einfach nichts zu tun.

Gustav Garnixmacher dagegen ist super entspannt – manchmal vielleicht zu sehr. Er schiebt Finanzthemen gerne vor sich her und kümmert sich nicht aktiv darum. Später wirst du sehen: Gustav landet nicht im Desaster, aber er verpasst viele Chancen. Genau deshalb taucht er erst im letzten Kapitel wieder auf, wo wir die drei Wege vergleichen. Dort wird sehr deutlich, warum es sich lohnt, früh ein bisschen aktiv zu werden – und nicht alles irgendwann zu „später" zu verschieben.

Was du lernst?

Du lernst, warum Immobilien für junge Erwachsene eine starke Möglichkeit sein können, langfristig Vermögen aufzubauen. Wenn man eine Wohnung kauft und vermietet, zahlt der Mieter jeden Monat Geld – und ein Teil davon hilft dabei, den Kredit abzubezahlen. Gleichzeitig gehört dir Monat für Monat ein kleines Stück mehr von der Wohnung. Das nennt man Tilgung. Dazu kommt, dass Immobilien über viele Jahre im Wert steigen können und oft steuerliche Vorteile mitbringen.

Du erfährst außerdem, warum Zeit bei Immobilien eine Art Superkraft ist. Wenn du jung beginnst – und „jung" bedeutet hier auch Mitte oder Ende zwanzig – hat eine Immobilie viele Jahre, um Mieteinnahmen zu erwirtschaften, Schulden abzubauen und vielleicht im Wert zu klettern. All das passiert leise im Hintergrund, während du dein Leben lebst. Immobilien sind kein „Schnellreich-Projekt". Sie sind eher wie ein Baum, den man pflanzt: Am Anfang sieht man kaum etwas. Aber wenn man ihn lange genug stehen lässt und gut pflegt, entwickelt sich daraus etwas sehr Wertvolles.

Durch die drei Begleiter im Kapitel lernst du auf spielerische Weise, wie man solide Entscheidungen trifft (Richard), wie man mutig loslegt und unterwegs lernt (Fridolin) und was passiert, wenn man zwar nett durchs Leben geht, sich aber nie um seine Finanzen kümmert (Gustav). Du sollst nicht sofort starten – aber du sollst verstehen, wie es funktioniert.

Wort-Tresor

Tilgung: der Teil der Kreditrate, durch den die Schulden Monat für Monat kleiner werden.

Vermietung: bedeutet, dass jemand anderes in deiner Wohnung wohnt und monatlich Miete zahlt.

Zeitfaktor: beschreibt, warum Immobilien umso stärker wirken, je länger man sie behält.

Mindset: deine innere Haltung – also, wie du über ein Thema denkst und welche Entscheidungen du daraus triffst.

7.1 Buy & Hold: Das Spiel, bei dem die Zeit für Dich arbeitet

Worum geht's?

In diesem Kapitel geht es um eine der entspanntesten und stärksten Möglichkeiten, langfristig mit Immobilien Vermögen aufzubauen: „Buy & Hold". Das bedeutet, eine Wohnung zu kaufen, sie zu vermieten und viele Jahre lang zu behalten. Kein hin-und-her, kein Stress, kein Schnellreich-Quatsch. Der Trick dabei ist die Zeit, die für dich arbeitet. Als Teenager kannst du das natürlich noch nicht anwenden, aber die Idee dahinter zu verstehen, ist wie ein kleiner Supervorteil für später.

Was du lernst?

Du lernst, dass bei Buy & Hold jeden Monat etwas im Hintergrund passiert: Die Miete hilft, den Kredit abzubezahlen. Das nennt man Tilgung. Gleichzeitig kann die Wohnung im Wert steigen – und du besitzt mit jedem Monat ein kleines Stück mehr davon. Das ist Vermögensaufbau, der praktisch nebenbei läuft.

Du erfährst auch, dass Menschen unterschiedlich an dieses Thema herangehen. Richard geht sehr ruhig und ordentlich vor. Er überlegt, rechnet und prüft alles, bevor er entscheidet. Dadurch fühlt er sich sicher und macht langfristig gute Schritte.

Fridolin dagegen startet schneller. Er macht manchmal Fehler, aber lernt daraus und macht beim nächsten Mal etwas besser. Genau das zeigt dir: Du musst später nicht perfekt anfangen. Du musst nur anfangen und dranbleiben.

Buy & Hold ist wie ein Schneeball, der einen langen Hügel hinunterrollt. Ob du ihn sauber rollst wie Richard oder ein bisschen holpriger wie Fridolin – am Ende wird er größer, einfach weil er lange rollt. Die Zeit macht den Unterschied, nicht die Geschwindigkeit am Anfang.

Wort-Tresor

Buy & Hold: eine Immobilie kaufen, vermieten und sehr lange behalten.

Tilgung: der Teil der Monatsrate, der deine Schulden immer weiter reduziert.

Langfristig: bedeutet, Entscheidungen für viele Jahre zu treffen, nicht nur für ein paar Wochen.

Schneeball-Effekt: beschreibt, wie kleine Dinge mit der Zeit immer stärker wirken.

7.2 Ordnung vor dem Start: erst du, dann die Bank

Worum geht's?

In diesem Kapitel geht es darum zu verstehen, warum eine gute Vorbereitung der wichtigste Schritt ist, bevor man irgendwann einmal eine eigene Wohnung kaufen möchte. Der Kauf einer Immobilie passiert nicht spontan. Man muss vorher wissen, wie viel Geld man im Alltag übrig hat, wie stabil die eigene Situation ist und ob man sich eine Kreditrate wirklich leisten kann. Du sollst all das noch nicht anwenden, aber du sollst die Grundidee verstehen: Wer gut vorbereitet ist, trifft später viel bessere Entscheidungen.

Was du lernst?

Du lernst, dass der erste Schritt immer damit beginnt, die eigene finanzielle Lage zu kennen. Das bedeutet: Wie viel Geld kommt im Monat rein? Wofür gibst du es aus? Was bleibt übrig? Diese einfache Übersicht nennt man Haushaltsrechnung. Später dient sie der Bank als Beweis dafür, dass du deinen Kredit sicher bezahlen kannst.

Du erfährst außerdem, dass Menschen sehr unterschiedlich an diese Vorbereitung herangehen. Richard macht es ordentlich: Er sortiert seine Unterlagen, rechnet alles sauber aus und prüft, ob die spätere Kreditrate entspannt zu seinem Leben passt. So fühlt er sich sicher, wenn er zur Bank geht.

Fridolin dagegen startet etwas chaotischer. Er macht nicht alles perfekt, merkt aber schnell, dass Planlosigkeit beim Thema Wohnungskauf stressig wird. Also räumt er nachträglich auf, strukturiert seine Zahlen und versteht plötzlich, warum Vorbereitung so wichtig ist. Seine Entwicklung zeigt dir: Man muss dafür kein Profi sein – aber man sollte bereit sein, dazuzulernen.

Auch wichtig ist zu erkennen, dass Vorbereitung nicht nur aus Zahlen besteht. Man überlegt sich auch, wie viel Verantwortung man tragen möchte. Eine Wohnung bedeutet Verpflichtungen: Reparaturen, Absprachen, Unterlagen. Je besser du später vorbereitet bist, desto leichter werden diese Aufgaben. Gute Vorbereitung gibt dir Ruhe und macht den gesamten Prozess verständlicher.

Wort-Tresor

Haushaltsrechnung: eine Übersicht deiner Einnahmen und Ausgaben.

Kredit- oder Bankrate: der Betrag, den du jeden Monat an die Bank zurückzahlst.

Vorbereitung: alles, was du tust, bevor du eine große Entscheidung triffst – damit sie später gut funktioniert.

7.3 Zur Bank gehen, ohne Bauchweh: Die Finanzierungsbestätigung

Worum geht's?

In diesem Kapitel geht es darum zu verstehen, warum die Bank beim Kauf einer Wohnung so eine große Rolle spielt. Denn die wenigsten Menschen bezahlen eine Immobilie komplett aus ihrem eigenen Geld. Meistens gibt die Bank einen Kredit dazu. Deshalb prüft sie sehr genau, wem sie Geld leiht und ob die Person zuverlässig ist. Es ist wichtig, diese Logik zu verstehen, auch wenn du noch Jahre davon entfernt bist, selbst mit einer Bank über eine Wohnung zu sprechen.

Was du lernst?

Du lernst, dass die Bank vor allem eins will: Sicherheit. Die Bank möchte sehen, dass du deine Rechnungen immer bezahlst, ein regelmäßiges Einkommen hast und finanziell gut organisiert bist. Das bezeichnet man als Bonität. Wenn deine finanzielle Situation stabil wirkt, bekommst du später leichter einen Kredit und oft auch bessere Bedingungen.

Du erfährst außerdem, dass Menschen unterschiedlich mit Banken umgehen. Richard bereitet sich gründlich vor. Er sortiert Unterlagen, kennt seine Zahlen und kann ruhig erklären, wie die monatliche Rate in sein Leben passt. Dadurch erlebt er das Bankgespräch entspannt. Fridolin dagegen geht oft spontaner rein. Er merkt aber schnell, dass Unordnung Stress macht. Also lernt er, seine Unterlagen zu strukturieren und klar zu zeigen, dass er Verantwortung übernehmen kann. Beide Wege funktionieren – nur fühlen sie sich unterschiedlich an.

Auch die Immobilie selbst wird von der Bank geprüft. Sie schaut, ob der Preis fair ist, ob die Lage gut ist und ob die Wohnung als Sicherheit geeignet ist. Das bedeutet: Nicht nur du entscheidest, ob dir die Wohnung gefällt – auch die Bank muss überzeugt sein. Wenn alles passt, gibt sie grünes Licht und du darfst den Kredit nutzen.

Am Ende verstehst du: Die Bank ist beim Wohnungskauf nicht dein Feind, sondern ein Partner. Je besser du vorbereitet bist und je klarer du deine Zahlen kennst, desto leichter wird dieses Gespräch später für dich sein.

Wort-Tresor

Bonität: wie zuverlässig du deine Rechnungen bezahlen kannst und wie stabil deine Finanzen wirken.

Kredit: Geld, das dir die Bank leiht und das du über viele Jahre zurückzahlst.

Zins: das „Danke-Geld", das du an die Bank zahlst, weil sie dir Geld geliehen hat.

Sicherheit: etwas, das die Bank schützt – hier die Immobilie, falls etwas schiefgeht.

7.4 Die Suche: aus dem Angebot die beste Wohnung finden

Worum geht's?

In diesem Kapitel geht es darum zu verstehen, worauf man achten muss, wenn man irgendwann eine Wohnung kaufen möchte, die sich gut vermieten lässt. Als Teenager musst du das noch nicht anwenden, aber du kannst jetzt schon lernen, worauf es später wirklich ankommt. Eine gute Immobilie zu finden hat weniger mit Glück zu tun und viel mehr mit einem klaren Blick auf Lage, Zustand und Vermietbarkeit.

Was du lernst?

Du lernst, dass die Lage einer der wichtigsten Punkte ist. Wohnungen in Gegenden, in denen viele Menschen gerne wohnen, lassen sich viel leichter vermieten. Das bedeutet: kurze Wege zu Bus oder Bahn, Einkaufsmöglichkeiten, vielleicht Parks oder Schulen in der Nähe. Eine Wohnung in guter Lage kann sogar dann wertvoll sein, wenn sie selbst eher schlicht aussieht.

Du erfährst auch, dass Menschen ganz unterschiedlich bei der Immobiliensuche vorgehen. Richard schaut zuerst auf die Zahlen und die Vermietbarkeit. Er prüft, wie hoch die Miete in der Gegend ist, ob das Haus gut gepflegt wird und ob die Wohnung später Probleme machen könnte. Dadurch trifft er sehr ruhige Entscheidungen. Fridolin lässt sich anfangs eher von schönen Bildern beeindrucken. Manchmal übersieht er wichtige Details, merkt aber schnell, dass „schöne Fotos" nicht alles sind. Wenn er genauer hinsieht, versteht er immer besser, warum Lage, Zustand und ein fairer Preis so wichtig sind.

Du lernst außerdem, dass der Zustand des Gebäudes eine große Rolle spielt. Eine Wohnung kann modern aussehen, aber das Haus selbst könnte Reparaturen brauchen – und die kosten später Geld. Deshalb schauen erfahrene Käufer immer auch auf Dinge wie das Treppenhaus, das Dach, die Heizungsanlage oder die letzte Renovierung des Hauses.

Ein weiterer wichtiger Punkt ist der Zusammenhang zwischen Kaufpreis und Miete. Eine gute vermietbare Wohnung sollte sich langfristig in etwa selbst tragen. Das bedeutet nicht, dass du sofort Gewinn machst. Aber die Miete sollte so stabil sein, dass du den Kredit entspannt bezahlen kannst.

Wenn du diese Grundlagen kennst, weißt du später viel besser, welche Wohnungen echte Chancen bieten – und welche nur auf den ersten Blick gut wirken.

Wort-Tresor

Lage: beschreibt, wie attraktiv die Umgebung einer Wohnung ist – einer der wichtigsten Erfolgsfaktoren.

Vermietbarkeit: wie leicht es ist, zuverlässige Mieter für eine Wohnung zu finden.

Zustand: wie gut Wohnung und Gebäude technisch gepflegt sind.

Kaufpreisfaktor: eine Zahl, die zeigt, ob der Preis zur Miete passt.

7.5 Die Besichtigung: Was man sieht?

Worum geht's?

In diesem Kapitel geht es darum zu verstehen, worauf Erwachsene achten, wenn sie eine Wohnung besichtigen, die sie vielleicht kaufen möchten. Eine Besichtigung ist viel mehr als „einmal kurz reinschauen". Man prüft nicht nur, ob die Wohnung hübsch ist, sondern auch, ob sie in gutem Zustand ist und ob das ganze Haus solide wirkt. Als Teenager musst du das noch nicht selbst tun, aber jetzt schon zu wissen, worauf es später ankommt, macht dich später viel sicherer.

Was du lernst?

Du lernst, dass eine gute Besichtigung immer damit beginnt, sich das gesamte Gebäude anzuschauen. Dazu gehören Flure, Treppenhaus, die Außenwand, die Türen – alles, was zeigt, wie gut das Haus gepflegt wurde. Manchmal sieht eine einzelne Wohnung modern aus, aber das Haus selbst hat teure Probleme. Genau deshalb schauen erfahrene Käufer auch auf Dinge wie das Dach, die Heizung oder die Fenster.

Du erfährst, dass Richard bei Besichtigungen besonders gründlich ist. Er liest Protokolle der Hausgemeinschaft, prüft Rücklagen und fragt sich, ob bald größere Reparaturen anstehen. Er achtet auf Details wie Feuchtigkeit, Risse oder schlecht gepflegte Gemeinschaftsbereiche und denkt sofort daran, wie das die Vermietbarkeit beeinflusst. Fridolin geht anfangs eher nach Gefühl und findet eine Wohnung „schön", wenn sie gut aussieht. Erst später merkt er, dass schöne Bilder täuschen können. Mit etwas Übung erkennt er dann schnell, warum Informationen aus den Unterlagen und der Zustand des gesamten Hauses viel wichtiger sind als eine stylische Einrichtung.

Du lernst auch, wie wichtig es ist, während einer Besichtigung Fragen zu stellen: Wie hoch ist das Hausgeld? Welche Reparaturen sind geplant? Gibt es Ärger im Haus? Wird der Müll ordentlich rausgebracht? All diese

Dinge verraten dir, wie gut die Wohnung später zu vermieten sein wird – und ob sie langfristig Freude macht oder Stress verursacht.

Am Ende verstehst du: Eine Besichtigung ist der Moment, in dem du Probleme erkennst, bevor sie dir später teuer werden. Wenn du weißt, worauf du achten musst, siehst du Chancen und Risiken viel klarer. Und je früher du dieses Denken übst, desto leichter wird es dir fallen, wenn du irgendwann in echt eine Wohnung anschaust.

Wort-Tresor

Besichtigung: ein Termin, bei dem du die Wohnung und das Haus ganz genau prüfst.

Rücklagen: Geld, das die Eigentümergemeinschaft für Reparaturen ansammelt.

Protokolle: schriftliche Zusammenfassungen von Treffen der Hausgemeinschaft – oft ein echter Geheimtipp, um Probleme zu entdecken.

Vermietbarkeit: zeigt, wie leicht du später zuverlässige Mieter finden kannst

Zustand: wie gut die Wohnung und das Gebäude wirklich sind, auch technisch.

ZUSTAND UND UNTERLAGEN CHECKEN – HERZ UND KOPF
FOTOS BLENDEN. PROTOKOLLE VERRATEN MEHR.

7.6 Verhandeln: Vom Angebot zum Deal

Worum geht's?

In diesem Kapitel geht es darum zu verstehen, warum Verhandeln beim Wohnungskauf eine große Rolle spielt. Der erste Preis, den ein Verkäufer nennt, ist selten der Preis, den man am Ende wirklich bezahlt. Verhandeln bedeutet aber nicht, laut oder hart zu sein. Es geht darum, ruhig zu bleiben, gut vorbereitet zu sein und klar zu erklären, warum ein bestimmter Preis sinnvoller ist. Auch das musst du heute nicht selbst tun, aber wenn du den Gedanken dahinter verstehst, wirst du später viel sicherer in solchen Situationen auftreten.

Was du lernst?

Du lernst, dass Verhandeln im Grunde nichts anderes ist als ein ehrliches Gespräch über Fakten. Man schaut auf die Lage, den Zustand des Hauses, geplante Reparaturen und die Höhe der Miete. Wenn etwas teuer ist oder bald saniert werden muss, kann man das als Argument für einen niedrigeren Preis nennen. Gute Käufer bleiben dabei freundlich und klar – das öffnet viele Türen.

Richard geht bei Verhandlungen sehr ruhig vor. Er kennt die Zahlen, hat die Unterlagen geprüft und weiß genau, wie viel er maximal bezahlen möchte. Dadurch wirkt er sicher, und Verkäufer nehmen ihn ernst.

Fridolin startet oft selbstbewusst, merkt aber schnell, dass Bauchgefühl allein nicht reicht. Wenn er unvorbereitet in eine Verhandlung geht, fühlt er sich unsicher. Sobald er – wie Richard – seine Argumente sammelt und vorher eine klare Grenze festlegt, klappt es bei ihm deutlich besser. Er zeigt, dass man verhandeln lernen kann und keine „Naturbegabung" sein muss.

Du erfährst außerdem, dass es beim Verhandeln wichtig ist, nicht zu sehr an einem Objekt zu hängen. Wer unbedingt etwas haben will, zahlt oft zu viel. Wer bereit ist, auch „Nein" zu sagen und weiterzusuchen, verhandelt automatisch entspannter und bekommt oft bessere Angebote. Es geht nicht um Schnäppchenjagd, sondern darum, einen fairen Preis für eine gute Wohnung zu finden.

Am Ende verstehst du: Verhandeln hat viel mit Ruhe, Vorbereitung und klaren Gedanken zu tun. Wer weiß, was er tut – egal ob strukturiert wie Richard oder lernend wie Fridolin – fühlt sich später viel sicherer und trifft bessere Entscheidungen.

Wort-Tresor

Verhandeln: ein Gespräch über einen Preis, bei dem beide Seiten eine gute Lösung finden sollen.

Argument: ein guter, nachvollziehbarer Grund für einen bestimmten Preis.

Preisgrenze: der höchste Preis, den man bereit ist zu zahlen.

Fairer Deal: ein Preis, der für Käufer und Verkäufer sinnvoll ist.

7.7 Vom Notar zur Schlüsselübergabe

Worum geht's?

In diesem Kapitel geht es darum zu verstehen, welche wichtige Aufgabe der Notar beim Kauf einer Wohnung hat. Ohne einen Notar kann in Deutschland niemand eine Immobilie kaufen. Der Notar sorgt dafür, dass alles fair, sicher und rechtlich einwandfrei abläuft. Er schützt Käufer und Verkäufer gleichermaßen. Auch wenn du später erst als Erwachsener mit einem Notar zu tun haben wirst, hilft dir dieses Kapitel, schon jetzt einen entspannten Blick auf diesen wichtigen Schritt zu bekommen.

Was du lernst?

Du lernst, dass der Notar eine neutrale Person ist. Er arbeitet nicht für den Käufer und nicht für den Verkäufer, sondern steht genau in der Mitte. Seine Aufgabe ist es, den Kaufvertrag vorzubereiten, alles verständlich zu erklären und sicherzustellen, dass niemand überfordert oder unfair behandelt wird. Er liest den gesamten Vertrag laut vor, damit alle Beteiligten genau wissen, was unterschrieben wird. Das klingt vielleicht ungewohnt, aber genau diese Ruhe schützt vor Missverständnissen.

Du erfährst auch, dass Richard solche Termine sehr schätzt. Er mag klare Regeln und findet es gut, dass der Notar jedes Detail erklärt. So weiß er genau, worauf er sich einlässt. Fridolin geht an diesen Schritt spontaner heran. Anfangs denkt er: „Warum dauert das so lange?" Doch als er merkt, wie viele wichtige Punkte der Notar abklärt – zum Beispiel ob die Wohnung wirklich dem Verkäufer gehört, ob es offene Schulden gibt oder ob alles korrekt im Grundbuch eingetragen wird –, versteht er, warum dieser Schritt so wichtig ist. Beide erleben denselben Termin, aber jeder nimmt etwas anderes daraus mit.

Am Ende verstehst du: Der Notar ist kein Hindernis, sondern ein Schutzschild. Er sorgt dafür, dass alles fair, korrekt und sicher läuft. Wenn du später einmal in so einem Termin sitzt, wirst du wissen: Das ist ein Moment der Klarheit – kein Moment der Angst.

Wort-Tresor

Notar: eine neutrale Person, die dafür sorgt, dass wichtige Verträge sicher und korrekt abgeschlossen werden.

Kaufvertrag: ein Dokument, in dem genau steht, wer was zu welchem Preis kauft.

Grundbuch: ein offizielles Register, in dem steht, wem eine Immobilie gehört.

Eigentumsübergang: der Moment, in dem die Wohnung rechtlich wirklich dir gehört.

7.8 Vermietung: Vom Inserat zum Mietvertrag

Worum geht's?

In diesem Kapitel geht es darum zu verstehen, was passiert, wenn jemand eine Wohnung gekauft hat und sie offiziell übergeben bekommt. Die Übergabe ist der Moment, in dem du die Schlüssel erhältst und ab jetzt wirklich für die Wohnung verantwortlich bist. Es ist ein kleiner, aber sehr wichtiger Schritt. Als Teenager kannst du das natürlich noch nicht selbst machen, aber zu wissen, was dabei passiert, hilft dir später enorm – denn die Übergabe entscheidet, wie sauber und entspannt der Start als Vermieter wird.

Was du lernst?

Du lernst, dass bei der Übergabe nichts dem Zufall überlassen wird. Alles wird genau festgehalten: Wie sehen die Räume aus? Funktionieren Heizung, Licht, Fenster und Wasser? Gibt es irgendwo Schäden? Und wie sind die Zählerstände für Strom, Wasser oder Gas? Wenn diese Dinge sauber notiert werden, weiß jeder später genau, was wann passiert ist – und es gibt keine Streitpunkte oder Verwirrungen.

Du erfährst auch, dass Menschen diesen Moment unterschiedlich angehen. Richard bleibt sehr ruhig. Er geht mit einer kleinen Checkliste durch die Wohnung und hakt alles nacheinander ab. Er achtet auf Details, damit er später nicht überrascht wird.

Fridolin war bei seiner ersten Übergabe eher nervös und wollte „schnell fertig werden". Dabei hat er ein paar Dinge übersehen, die später Aufwand gemacht hätten. Danach hat er gelernt: Gut hinschauen lohnt sich immer. Seitdem nimmt auch er sich die Zeit, alles ordentlich zu prüfen – und merkt, wie entspannt der Start als Vermieter dadurch wird.

Du lernst außerdem, dass zur Übergabe oft Unterlagen gehören: Bedienungsanleitungen, Schlüssel für den Keller oder die Tiefgarage, Informationen über die Hausverwaltung. Wenn man diese Dinge gut sortiert, hat man später alles griffbereit und verliert nichts. Die Übergabe ist also kein komplizierter Termin – eher ein gemeinsamer Check, damit beide Seiten wissen: „So starten wir. So sieht alles aus. So ist es vereinbart."

Am Ende verstehst du: Eine gute Übergabe ist wie der Startschuss in ein neues Kapitel. Wenn du diesen Schritt später ordentlich machst, wird alles, was danach kommt, viel leichter. Es ist der Moment, in dem du vom Käufer zum richtigen Eigentümer wirst.

Wort-Tresor

Übergabeprotokoll: ein schriftlicher Überblick über den Zustand der Wohnung und die Zählerstände.

Zählerstände: die aktuellen Anzeigen für Strom, Wasser oder Gas.

Schlüsselübergabe: der Moment, in dem du die Wohnung offiziell übernimmst.

Eigentümer: die Person, der die Wohnung rechtlich gehört und die Verantwortung dafür trägt.

7.9 Steuererklärung: Abschreibung & Co.

Worum geht's?

In diesem Kapitel geht es darum zu verstehen, warum der Start als Vermieter manchmal etwas überwältigend wirkt – vor allem, weil plötzlich Begriffe wie Steuererklärung oder Abschreibung auftauchen. Viele Erwachsene bekommen davon sofort Stress. Dabei ist gerade dieser Teil ein großer Vorteil von Immobilien. Wenn du die Grundidee einmal verstanden hast, merkst du schnell: Es ist weniger kompliziert, als es aussieht, und vieles davon hilft dir sogar finanziell weiter. Niemand startet perfekt – wichtig ist nur, dranzubleiben und Schritt für Schritt besser zu werden.

Was du lernst?

Du lernst, dass Vermieter einmal im Jahr eine Steuererklärung machen müssen. In ihr werden alle Einnahmen aus der Miete eingetragen – aber auch alle Kosten, die mit der Wohnung zu tun haben: Zinsen, Reparaturen, Teile des Hausgelds oder sogar Fahrten zur Wohnung. Dadurch kann die Steuer niedriger ausfallen, manchmal bekommt man sogar Geld zurück. Das ist einer der Gründe, warum viele Menschen Immobilien als so attraktiv empfinden.

Du erfährst außerdem, was die Abschreibung bedeutet. Aus Sicht des Staates wird ein Gebäude jedes Jahr ein kleines Stück „älter". Deshalb darfst du jedes Jahr einen Teil des Gebäudewerts als Kosten abziehen, obwohl du dafür gar kein Geld ausgibst. Genau dieser Effekt sorgt oft dafür, dass das Ergebnis der Steuererklärung richtig gut aussieht. Für viele Vermieter ist das ein echter Vorteil, denn kaum eine andere Anlageform hat diesen Mechanismus.

Richard geht diese Themen ruhig und organisiert an. Er sammelt Belege, trägt seine Zahlen ein und versteht schnell, wie er von den steuerlichen Regeln profitieren kann. Dadurch fühlt er sich nach kurzer Zeit sehr sicher.

Fridolin startet chaotischer. Er findet Steuern nervig und schiebt es anfangs vor sich her. Aber als er bemerkt, wie viel Geld man durch Abschreibung und absetzbare Kosten sparen kann, packt er's an: Er sortiert seine Unterlagen und lernt, dass man diesen Teil nicht perfektionieren muss – man muss ihn nur regelmäßig machen.

Am Ende verstehst du: Der Anfang wirkt manchmal kompliziert, aber Immobilien belohnen dich dafür, dass du dich einmal mit dem Thema beschäftigst. Viele Abläufe wiederholen sich jedes Jahr und werden dadurch immer leichter. Und wenn du diese Grundideen schon jetzt kennst, wirst du später viel entspannter und sicherer starten als die meisten Erwachsenen.

Wort-Tresor

Steuererklärung: Formular, in dem du Einnahmen und Kosten aus der Vermietung angibst – oft positiv für Vermieter.

Werbungskosten: alle Ausgaben, die wegen der Wohnung entstehen und die deine Steuer senken.

Abschreibung (AfA): ein jährlicher Steuer-Vorteil, weil das Gebäude „älter" wird und du einen Teil davon als Kosten abziehen darfst.

7.10. Der laufende Betrieb: Mieteingänge & Co.

Worum geht's?

In diesem Kapitel geht es darum zu verstehen, wie die ersten Monate nach dem Wohnungskauf aussehen, wenn man zum ersten Mal vermietet. Viele stellen sich das so vor: Miete kommt, fertig. In echt gibt es ein paar einfache Aufgaben, die regelmäßig dran sind. Als Teenager musst du das natürlich noch nicht machen. Aber wenn du jetzt schon weißt, was später auf dich zukommt, fühlt sich der Start irgendwann viel entspannter an.

Was du lernst?

Du lernst, dass der wichtigste Rhythmus ganz simpel ist: Mieteingang prüfen, kurze Nachrichten beantworten, kleine To-dos erledigen – fertig. Meist läuft die Miete per Dauerauftrag ein. Ein kurzer Blick auf dein Konto reicht, um zu sehen, ob alles passt. Wenn einmal etwas nicht kommt, fragst du freundlich nach. So bleibst du ruhig und behältst die Kontrolle.

Du erfährst außerdem, dass hin und wieder Kleinigkeiten auftauchen können. Vielleicht tropft ein Wasserhahn oder eine Lampe im Hausflur flackert. Dann meldest du das an die Hausverwaltung oder organisierst einen Handwerker. Gute Objekte machen hier den Unterschied: Je besser Haus und Wohnung in Schuss sind, desto weniger fällt an. Richard geht solche Dinge sehr geordnet an: Er hat eine kleine Liste (Miete checken, Post der Hausverwaltung lesen, Belege abheften) – das dauert nicht lange, gibt ihm aber Sicherheit. Fridolin war am Anfang lockerer, hat dann aber gemerkt: Mit etwas Ordnung fühlt sich alles viel leichter an. Also sortiert auch er Belege und speichert wichtige Mails ab – und merkt, wie schnell Routine entsteht.

Einmal im Jahr kommt etwas Größeres: die Nebenkostenabrechnung der Hausverwaltung. Deine Aufgabe ist dann vor allem: prüfen, verstehen, abheften und bei Fragen freundlich nachhaken. Auch du machst danach wiederum die Abrechnung mit deinen Mietern und verrechnest die tatsächlich angefallenen umlagefähigen Kosten und die Grundsteuer mit den von dem Mieter geleisteten Nebenkostenvorauszahlungen. Parallel sammelst du über das Jahr Belege (z. B. für kleinere Reparaturen), damit du später die Steuererklärung leichter schaffst. Klingt nach viel? Nur am Anfang. Nach wenigen Monaten wiederholen sich die Abläufe – und genau das macht Vermieten überraschend entspannt.

Wort-Tresor

Mieteingang: das Geld, das der Mieter jeden Monat überweist.

Hausverwaltung: eine Firma, die sich um das Wohnhaus kümmert und dir viel Organisation abnimmt.

Nebenkostenabrechnung: die jährliche Abrechnung für Kosten wie Wasser, Heizung, Müll oder Hausreinigung.

Routine: Abläufe, die mit der Zeit selbstverständlich werden und kaum noch Aufwand machen.

7.11. Die Zukunft über Jahre hinweg

Worum geht's?

In diesem Kapitel geht es darum zu verstehen, warum die ersten Schritte als Vermieter am Anfang manchmal etwas groß oder kompliziert wirken. Neue Begriffe, neue Aufgaben, ein bisschen Verantwortung – das fühlt sich ungewohnt an. Aber so wie bei jedem anderen neuen Thema im Leben wird es mit jedem Monat leichter. Niemand startet perfekt. Wichtig ist nur, dass man anfängt und Schritt für Schritt sicherer wird.

Was du lernst?

Du lernst, dass die ersten Monate vor allem daraus bestehen, kleine, wiederkehrende Aufgaben zu meistern. Dazu gehört, dass du regelmäßig prüfst, ob die Miete eingegangen ist, ob Nachrichten der Mieter oder der Hausverwaltung angekommen sind und ob irgendwo Belege gesammelt werden müssen. Diese Dinge wiederholen sich und werden dadurch schnell zu einer ganz normalen Routine.

Du erfährst auch, dass Menschen unterschiedlich in diese Phase starten. Richard arbeitet von Anfang an sehr ordentlich. Er legt sich Ordner an, heftet Belege ab und liest alle Nachrichten aufmerksam. Dadurch fühlt er sich schnell sicher und weiß genau, wo er nachschauen muss. Fridolin fängt eher spontan an. Am Anfang sucht er öfter mal Unterlagen oder hat eine Rechnung verlegt. Aber er merkt direkt, wie sehr Ordnung ihm den Alltag erleichtert. Also baut er sich langsam ein eigenes, kleines System auf – und mit jeder Woche wird er entspannter und sicherer.

Du lernst außerdem, dass man als Vermieter nicht alles allein können muss. Vieles wird von Profis übernommen: Die Hausverwaltung kümmert sich um das Gebäude, Handwerker reparieren kaputte Dinge und bei der Steuer kann man sich Hilfe holen oder einfache Programme nutzen. Deine Aufgabe ist es später nur, die Fäden zusammenzuhalten und den Überblick zu behalten – den Rest übernehmen andere.

Mit der Zeit entsteht dann das, was viele Vermieter an ihrem Alltag schätzen: Regelmäßigkeit. Du weißt, wann du was tun musst, welche Aufgaben wichtig sind und wann du einfach nichts machen musst. Genau diese Routine sorgt dafür, dass Vermieten weniger kompliziert ist, als es am Anfang scheint und zunehmend Selbstvertrauen entwickeln.

Wort-Tresor

Einstieg: der erste Schritt in ein neues Thema, der sich ungewohnt anfühlt, aber schnell vertraut wird.

Unterstützer: Menschen oder Firmen, die dir Teile der Arbeit abnehmen, zum Beispiel Hausverwaltung oder Handwerker.

System: eine einfache Struktur, mit der du Unterlagen und Aufgaben ordnen kannst und dadurch Ruhe und Überblick bekommst.

Selbstvertrauen: das Gefühl, dass du etwas schaffen kannst, auch wenn es am Anfang ungewohnt ist.

7.12 Vom Vermieter zum Investor

Worum geht's?

In diesem Kapitel geht es darum, wie sich deine Rolle verändert, wenn du nicht mehr nur eine Wohnung „verwaltest", sondern wirklich **wie ein Investor denkst**. Vermieter sein bedeutet: Miete bekommen, Kosten im Blick behalten, einmal im Jahr die Steuer machen. Investor sein bedeutet: Du denkst weiter. Du schaust auf langfristige Pläne, Zahlen, Chancen und Risiken. Das ist kein neuer Beruf, sondern ein **Mindset-Wechsel** – also eine andere Art, über deine Wohnung nachzudenken.

Was du lernst?

Du lernst, dass der erste Schritt zum Investor immer darin besteht, dein System stabil zu machen. Das heißt: Du hast als Vermieter deine Abläufe im Griff – Miete kommt rein, Rücklagen sind da, Reparaturen werden geregelt, Unterlagen liegen ordentlich sortiert. Wenn das steht, kannst du weiterdenken.

Dann beginnt der Investor-Teil: Du schaust nicht nur, ob du „Miete bekommst", sondern ob Cashflow entsteht – also ob nach allen Kosten etwas übrig bleibt. Du prüfst, wie gut deine Wohnung langfristig laufen kann und ob sie dir Finanzspielräume ermöglicht. Außerdem lernst du, warum der Hebel ein wichtiger Vorteil bei Immobilien ist: Wenn du einen Teil über die Bank finanzierst, kann deine Rendite auf dein eigenes Geld deutlich größer werden. Aber das funktioniert nur, wenn dein System stabil ist und du genug Puffer hast.

Du erfährst auch, dass Menschen diesen Schritt unterschiedlich gehen. Richard kommt sehr natürlich in dieses Investor-Denken hinein. Er rechnet viel, plant langfristig und prüft Risiken früh. Dadurch fühlt er sich sicher, wenn er darüber nachdenkt, ob vielleicht irgendwann eine zweite Wohnung sinnvoll wäre. Fridolin wächst langsam hinein. Er merkt zunächst gar nicht, dass er eigentlich schon kleine

Investor-Entscheidungen trifft – zum Beispiel wenn er vergleicht, wie sich eine Mieterhöhung auf seinen Cashflow auswirkt oder wie stark die Abschreibung seine Steuer senkt. Schritt für Schritt versteht er: „Ich gestalte hier ja richtig etwas – nicht nur verwalten."

Am Ende verstehst du: Investor sein bedeutet nicht, schnell viele Wohnungen zu kaufen oder ständig aktiv zu sein. Es bedeutet, das große Ganze zu sehen, ruhig zu planen und gute Entscheidungen zu treffen. Wenn du dieses Denken früh kennenlernst, wirst du später, wenn es für dich relevant wird, viel entspannter und sicherer handeln.

Wort-Tresor

Investor: jemand, der nicht nur verwaltet, sondern bewusst plant und Vermögen aufbaut.

Cashflow: das Geld, das nach allen monatlichen Kosten wirklich übrig bleibt.

Rendite: zeigt, wie gut dein eingesetztes Geld für dich arbeitet.

Hebel: der Effekt, dass eine Bankfinanzierung deine eigene Rendite verstärken kann – aber nur mit genug Puffer und guter Vorbereitung.

Kapitel 8: Deep-Dive in die Immobilien-Kennzahlen

Worum geht's?

In diesem Kapitel lernst du, wie man eine echte Wohnung mit einfachen Zahlen prüft – so wie es auch Erwachsene tun. Dafür benutzen wir eine feste Musterwohnung. Wir nehmen genau die Werte aus einer echten 2-Zimmer-Wohnung, die vermietet ist und mit Kredit finanziert wurde. Mit dieser Wohnung üben wir später alle wichtigen Kennzahlen wie Mietrendite, Faktor und Cashflow. Keine Sorge: Du brauchst dafür keine Mathe-Vorkenntnisse. Wir rechnen alles gemeinsam, Schritt für Schritt.

Was du lernst?

Du lernst die wichtigsten Basiszahlen kennen, die man für eine Immobilienprüfung braucht. Diese Zahlen wirken am Anfang vielleicht groß, aber sie bilden nur ein kleines Set von Infos, die man immer wieder benutzt. Damit Richard und Fridolin ihre Entscheidungen treffen konnten, haben sie genau mit diesen Werten gearbeitet. Jetzt bekommst auch du das Grundwissen, um später solche Rechnungen leicht zu verstehen.

Hier sind alle Zahlen, die wir ab Kapitel 8 verwenden:

Kauf & Sanierung

- Kaufpreis Wohnung: 160.000 €
- Sanierungskosten: 15.000 €
- Nebenkosten (Notar, Steuer, Makler usw.): 17.984 €
- **Also Gesamtinvestition: 192.984 €**

Finanzierung

- Kredit: 175.000 €
- Zins: 4,10 %
- Tilgung: 1,15 %
- Bankrate pro Monat: 766 €
- – davon 598 € Zinsen und 168 € Tilgung

Vermietung

- Kaltmiete: 945 €/Monat
- Jahreskaltmiete: 11.340 €/Jahr
- Hausgeld gesamt: 349 €/Monat
- – davon 201 € umlagefähig (
    - zahlt der Mieter über die Nebenkosten)
- – davon 44 € nicht umlagefähig
    - (musst du selbst zahlen)
- – davon 104 € Rücklage fürs Gebäude
    - (wichtig für spätere Reparaturen)

Diese Zahlen wirken vielleicht viel – aber du wirst sehen: Wir benutzen diese Werte jetzt immer wieder und du wirst sie schnell im Griff haben.

Wort-Tresor

Kaltmiete: Das Geld, das der Mieter ohne Nebenkosten zahlt.

Hausgeld: Die monatlichen Kosten für das Gebäude.

Rücklage: Sparbetrag für spätere Reparaturen am Haus.

Rate (Bank-, Kreditrate): Geld, das du monatlich an die Bank zahlst.

8.1 Mietrendite Kennzahlen: Non plus ultra

Die Mietrendite zeigt dir in Prozent, wie stark eine Wohnung im Verhältnis zu ihrem Preis Geld verdient. Sie ist wie ein kleiner „Leistungscheck": Je höher die Zahl, desto besser arbeitet die Wohnung für dich. Es gibt drei Arten von Mietrendite – und jede wird ein kleines bisschen genauer.

Was du lernst?

Du lernst, wie man die Bruttoanfangsrendite, die aktuelle Bruttomietrendite und die Nettomietrendite berechnet – ganz ohne komplizierte Formeln.

Du wirst sehen, dass man mit diesen drei Zahlen sogar zwei Wohnungen vergleichen kann, die in völlig verschiedenen Straßen liegen. Richard und Fridolin könnten z. B. jeder eine ganz andere Wohnung kaufen – aber mit diesen Kennzahlen sehen sie sofort, welche Wohnung finanziell „fleißiger" ist. Genau dafür sind Rendite-Zahlen eigentlich da.

1) Bruttoanfangsrendite – der allererste Eindruck

Beim Kauf brachte die Wohnung 850 € Kaltmiete im Monat, also **10.206 € im Jahr**. Man teilt diese Jahreskaltmiete durch den Kaufpreis inklusive eventuell angefallenen Sanierungsausgaben – zusammen **175.000 €**.

Wenn man diese beiden Zahlen gegenüberstellt, erhält man eine Anfangsrendite von etwa **5,8 %**.

Dieser Wert zeigt, wie gut die Wohnung **beim Kauf** gewirkt hat – ganz grob. Richard nutzt den Wert, um Angebote vorzusortieren. Fridolin findet: „Okay, das gibt mir direkt ein Gefühl."

2) Aktuelle Bruttomietrendite – wie gut läuft die Wohnung heute?

Die Wohnung bringt inzwischen 945 € Kaltmiete im Monat, also **11.340 € im Jahr**. Man teilt diese aktuelle Jahreskaltmiete wieder durch das Geld, das für Kaufpreis und eventuell Sanierung ausgegeben wurde – zusammen **175.000 €**.

So kommt man auf eine Rendite von ungefähr **6,5 %**.

Was heißt das? Die Wohnung bringt heute mehr ein als am Anfang – ohne dass man etwas dafür tun musste. Richard freut sich über diese Steigerung. Fridolin staunt: „Krass, Rendite kann also wachsen!"

Diese Zahl ist besonders praktisch, wenn zwei Menschen zwei verschiedene Wohnungen kaufen. Egal, ob Richard im Norden der Stadt kauft und Fridolin im Süden –mit dieser Renditezahl können sie ihre Objekte direkt vergleichen, ganz fair, ohne Bauchgefühl.

3) Nettomietrendite – die realistische Version (vereinfacht, ohne Rücklage)

Jetzt zieht man von der Jahreskaltmiete eine der echten Kosten ab, die der Vermieter tragen muss: den nicht umlagefähigen Anteil des Hausgeldes (44 €/Monat = 528 €/Jahr). Nach diesem Abzug bleiben **10.812 €** im Jahr übrig.

Diese Zahl teilt man nun durch die Gesamtinvestitionskosten. Also in unserem Beispiel den Kaufpreis und Sanierung sowie den Kaufnebenkosten (Notar, Makler, Amtsgericht). Also **192.984 €**.

So entsteht eine Nettomietrendite von etwa **5,6 %**.

Das ist die Version, die zeigt, was **wirklich** übrig bleibt, wenn die ersten kleinen Kosten abgezogen sind.

Wichtig: Die Rücklage fürs Gebäude lassen wir hier weg, damit du die Grundidee leichter verstehst. In echt würde die Nettomietrendite später etwas niedriger ausfallen – aber das Prinzip bleibt gleich.

Wort-Tresor

Bruttoanfangsrendite:

Jahreskaltmiete beim Kauf geteilt durch Kaufpreis + Sanierung

Aktuelle Bruttomietrendite:

heutige Jahreskaltmiete geteilt durch Kaufpreis + Sanierung

Nettomietrendite:

Nettomiete nach Kosten geteilt durch Gesamtinvestitionskosten

Gesamtinvestitionskosten:

Kaufpreis + Sanierung + Nebenkosten

Nettokaltmiete:

Miete minus Kosten, die du selbst zahlen musst.

8.2 Der Geldfluss – Cashflow der entscheidet

Worum geht's?

Cashflow bedeutet: Kommt jeden Monat Geld bei dir an – oder musst du jeden Monat etwas draufzahlen? Das ist eine der wichtigsten Fragen überhaupt beim Vermieten. Hier lernst du die zwei Cashflow-Arten kennen:

1. **Cashflow vor Steuern**
2. **Cashflow nach Steuern**

Diese beiden Ergebnisse zeigen dir, wie gut eine Wohnung wirklich funktioniert – nicht nur auf dem Papier, sondern im echten Leben.

Was du lernst?

Du lernst, wie man herausfindet, was wirklich am Monatsende übrig bleibt. Dafür nimmst du nur:

- die monatliche Kaltmiete
- die Rate an die Bank
- die Kosten, die du selbst tragen musst
- und später die steuerlichen Vorteile

Richard prüft beide Cashflows immer gründlich, bevor er entscheidet. Fridolin staunt meistens, wie viel Unterschied Steuern machen können.

Cashflow VOR Steuern – das einfache Alltagsergebnis

Unsere Musterwohnung verdient **945 € Kaltmiete im Monat**.

Davon gehen ab:

- die Kreditrate: **766 €**
- der nicht umlagefähige Hausgeld-Anteil: **44 €**
- und die Rücklage fürs Gebäude: **104 €**

Wenn du diese Zahlen zusammenrechnest, bleibt am Ende:

+31 € pro Monat übrig (vor Steuern)

Was bedeutet das?

Die Wohnung „trägt sich selbst". Du musst nicht jeden Monat draufzahlen. Das fühlt sich für viele Vermieter schon richtig gut an – besonders am Anfang.

Richard findet das Ergebnis solide und beruhigend. Fridolin sagt: „Ey cool, es ist sogar ein kleines Plus – ich dachte, das wäre viel komplizierter!"

Cashflow NACH Steuern – warum Immobilien plötzlich stärker wirken

Jetzt wird's spannend. Durch die Steuer kannst du zwei Dinge absetzen:

- die Zinsen aus der Bankrate
- und die Abschreibung auf das Gebäude

Diese beiden „Steuer-Bonuspunkte" sorgen dafür, dass du vom Finanzamt Geld zurückbekommst, zumindest am Anfang**.** In unserer Musterwohnung kommt so ein Zuschuss von 492 € im Jahr bzw. 41 € im Monat heraus, der den monatlichen Cashflow verbessert:

Cashflow nach Steuern: **+72 € pro Monat**

Was bedeutet das?

Die Wohnung liefert dir nach Steuern mehr, auch wenn sich am Objekt selbst nichts geändert hat. Das ist einer der stärksten Vorteile von Immobilien, setzt aber voraus, dass Du überhaupt Lohnsteuer aus einer Angestelltentätigkeit abführst.

Richard versteht diesen Effekt sofort: „Weil ich Steuern spare, bleibt am Ende mehr Geld übrig." Fridolin ist jedes Mal überrascht: „Hä? Ich krieg mehr raus – nur wegen der Steuer? Krass!"

Warum beide Cashflows wichtig sind: Der Cashflow VOR Steuern zeigt dir, ob du dir die Wohnung monatsweise leisten kannst. Der Cashflow NACH Steuern zeigt dir, wie gut die Wohnung insgesamt für dich arbeitet.

Wort-Tresor

Cashflow: Was nach allen Kosten am Monatsende übrig bleibt.

Cashflow vor Steuern: das Ergebnis ohne Steuer-Effekt – der Alltag.

Cashflow nach Steuern: das Ergebnis inklusive Steuerbonus (Anerkennung von Zinsen + Abschreibung beim Finanzamt).

Abschreibung (AfA): ein Steuervorteil, weil das Gebäude steuerlich „älter wird". Für die Steuererklärung entstehen dir abzugsfähige Kosten, obwohl Du diese gar nicht zu zahlen hast im echten Leben.

8.3 Eigenkapitalrenditen

Worum geht's?

In diesem Kapitel geht es darum zu verstehen, wie stark dein eigenes Geld – dein eingesetztes Eigenkapital – für dich arbeitet. Nicht der Kredit der Bank, nicht das ganze Objekt, sondern wirklich nur das Geld, das du selbst aufgebracht hast. Genau dafür gibt es die Eigenkapitalrendite. Sie zeigt, wie viel Prozent Gewinn dein eigenes Geld produziert. Und hier wird meistens deutlich, warum Immobilien für viele Menschen langfristig so interessant sind: Ein kleiner Betrag kann erstaunlich viel bewirken.

Was du lernst?

Du lernst drei Versionen der Eigenkapitalrendite kennen. Jede Version zeigt dir ein anderes Stück der Wahrheit:

1. Wie stark dein eigenes Geld arbeitet, wenn du nur auf den kleinen Monatsüberschuss schaust.
2. Wie stark dein Geld arbeitet, wenn du zusätzlich die Tilgung berücksichtigst – also den Teil, der deine Schulden jeden Monat reduziert.
3. Wie stark dein Geld arbeitet, wenn du sogar noch die Steuervorteile dazu nimmst.

Mit jeder Stufe wird das Bild genauer.

Wie viel eigenes Geld steckt überhaupt drin?

Beim Kauf der Musterwohnung wurden 17.984 Euro eigenes Geld eingesetzt. Das ist dein Startkapital. Alles, was die Wohnung an „Leistung" bringt, wird später daran gemessen.

Es ist also so, als würdest du diesen Betrag in einen eigenen kleinen „Vermögensmotor" stecken und dann beobachten, wie stark dieser Motor läuft.

Die Eigenkapitalrendite nur aus dem monatlichen Cashflow

Im vorherigen Kapitel hast du gesehen, dass die Wohnung jeden Monat 31 Euro übrig lässt, bevor Steuern wirken. Wenn man das auf zwölf Monate hochrechnet, sind das 372 Euro pro Jahr. Das ist noch nicht die Welt, aber es ist ein ruhiger, sicherer Start.

Wenn man jetzt vergleicht, wie viel diese 372 Euro im Verhältnis zu den eingesetzten 17.984 Euro sind, ergibt sich eine Rendite von ungefähr 2,1 Prozent. Das bedeutet: Dein eigenes Geld verdient jedes Jahr etwa 2,1 Prozent – nur durch den reinen Cashflow Überschuss.

Für Richard ist das solide und beruhigend – der Anfang stimmt, und alles läuft sauber. Fridolin dagegen findet es zwar etwas niedrig, aber er merkt: Immerhin macht die Wohnung Plus, obwohl sie gleichzeitig noch einen Kredit bedient. Für einen ersten Schritt ist das erstaunlich stabil.

Eigenkapitalrendite inklusive Tilgung

Jetzt fügen wir etwas dazu, das viele Anfänger unterschätzen: die Tilgung. Jeden Monat stecken 168 Euro deiner Rate direkt in den Schuldenabbau. Aufs Jahr gerechnet sind das 2.016 Euro. Die Wohnung sorgt also nicht nur für ein kleines Geldplus – du wirst auch jeden Monat ein wenig reicher, weil deine Schulden automatisch kleiner werden.

Wenn man die 372 Euro aus dem Cashflow und die 2.016 Euro aus der Tilgung zusammen betrachtet, erhält man plötzlich ein ganz anderes Bild: Die Eigenkapitalrendite springt von 2,1 Prozent auf rund 13,4 Prozent.

Das ist der Moment, in dem viele Menschen zum ersten Mal verstehen, warum Immobilien ein so mächtiges Werkzeug sein können. Richard lächelt hier zum ersten Mal richtig zufrieden. Fridolin sagt: „Warte mal – mein Einsatz ist doch nur knapp 18.000 Euro... wie kann das so krass steigen?“ Die Antwort: Tilgung ist wie ein zweiter Motor. Er läuft leise, aber sehr stark.

Eigenkapitalrendite inklusive Tilgung und Steuervorteil

Die letzte Stufe berücksichtigt noch etwas Wichtiges: Steuervorteile. Weil du die Zinsen der Finanzierung und einen Teil des Gebäudewertes abschreiben darfst, bekommst du über die Steuer jedes Jahr etwa 492 Euro zurück. Das sind im Monat rund 41 Euro. Wie gesagt, wenn Du überhaupt umfangreiche Lohnsteuer aus einem Angestelltenverhältnis bezahlst; das hängt auch von deiner Steuerklasse und von vielen anderen Faktoren ab. Wenn man jetzt alle drei Bestandteile zusammennimmt – den Cashflow, die Tilgung und die Steuervorteile –dann zeigt sich die volle Kraft der Immobilie. Die Eigenkapitalrendite steigt dann auf etwa 16,2 Prozent.

Das bedeutet: Dein eingesetztes Geld von 17.984 Euro bringt dir jedes Jahr einen Nutzen, der ungefähr 16 Prozent dieses Betrags entspricht. Das ist enorm – und deutlich mehr als viele klassische Anlagen schaffen. Vergleiche das noch einmal mit den Angaben im Kapitel 6.9. Fridolin fällt bei dieser Zahl fast vom Stuhl. Richard sagt nur ruhig: „Ja, das ist der Hebel."

Wort-Tresor

Eigenkapital: dein eigenes Geld, das du beim Kauf einsetzt.

Cashflow: was am Monatsende nach allen Kosten übrig bleibt.

Tilgung: der Teil der Kreditrate, der deine Schulden reduziert und dich automatisch reicher macht.

Steuervorteil: Geld, das du über die Steuer zurückbekommst, weil du Zinsen und Gebäudewert absetzen darfst.

Eigenkapitalrendite: zeigt, wie stark dein eigenes Geld für dich arbeitet – oft die wichtigste Kennzahl überhaupt.

8.4 Beleihung – wie die Bank auf dein Investment schaut

Worum geht's?

Wenn man eine Wohnung finanziert, schaut man selbst oft auf Dinge wie Miete, Lage oder Cashflow. Die Bank dagegen denkt anders. Sie überlegt: Wie sicher ist dieser Kredit? Wie viel ist das Objekt wert? Und wie viel von diesem Wert ist durch den Kredit belastet?

Damit sie das herausfinden kann, nutzt die Bank drei ganz wichtige Begriffe: die Beleihungsquote bzw. den Loan to Value (LTV) und den Beleihungsauslauf. Die ersten beiden meinen das Gleiche und zeigen, wie viel der Wohnung noch „der Bank gehört". Der Beleihungsauslauf ist die strengere Version: Hier rechnet die Bank mit einem besonders vorsichtigen Wert, dem sogenannten Beleihungswert.

Diese Zahlen wirken technisch, sind aber leicht zu verstehen – und sehr wichtig dafür, wie entspannt deine Finanzierung später läuft.

Die Beleihungsquote – wie viel der Wohnung steckt noch im Kredit?

Die Beleihungsquote schaut auf das Verhältnis zwischen dem Kredit, der noch offen ist, und dem Marktwert der Wohnung. Es ist also ein Blick aus Sicht des normalen Immobilienmarktes.

In unserer Musterwohnung lag der Marktwert zum Zeitpunkt der Berechnung bei ungefähr 191.000 Euro. Die Restschuld betrug etwa 168.000 Euro. Wenn man diese beiden Zahlen ins Verhältnis setzt (also die Restschuld durch den Marktwert teilt) , kommt man auf eine Beleihungsquote von rund 88 Prozent.

Das bedeutet: Ein ziemlich großer Teil der Wohnung ist noch finanziert. Aber: Die Quote sinkt mit jeder Rate ein kleines Stück, weil du jeden Monat ein bisschen Tilgung zahlst.

Eine sinkende Beleihungsquote fühlt sich gut an – denn es heißt, dass dein Anteil an der Wohnung immer größer wird.

Richard findet diese Kennzahl beruhigend, weil sie zeigt, wie schnell das Objekt „dir gehört". Fridolin versteht: „Je niedriger diese Zahl wird, desto stabiler wird mein Investment."

Beleihungsauslauf – der extra-vorsichtige Blick der Bank

Der Beleihungsauslauf ist die strengste Variante. Hier schaut die Bank nicht auf den Marktwert der Wohnung, sondern auf einen selbst festgelegten Wert, den sogenannten Beleihungswert.

Der Beleihungswert ist immer niedriger als der echte Marktpreis. Die Bank rechnet ihn so, dass er auch halten würde, falls die Immobilienpreise kurzfristig fallen oder sie das Objekt schnell verkaufen müsste.

Bei der Musterwohnung ergibt diese vorsichtige Rechnung einen Beleihungsauslauf von ungefähr 1,14. Das heißt: Der Kredit liegt etwa 14 Prozent über dem Sicherheitswert der Bank.

Das klingt erst mal nach „oh oh", ist aber völlig normal – vor allem am Anfang einer Finanzierung. Im Laufe der Jahre sinkt dieser Auslauf automatisch, weil deine Tilgung die Restschuld Monat für Monat reduziert.

Richard fasst das gerne so zusammen: „Mit jeder Rate wird die Bank beruhigter – und damit auch ich." Fridolin merkt: „Die Bank rechnet härter als der Markt. Aber eigentlich schützt das mich auch."

Warum Tilgung und Cashflow zusammengehören?

Beim Thema Sicherheit spielt die Tilgung eine wichtige Rolle. Wenn du mehr tilgst, sinkt deine Restschuld schneller. Dadurch fallen

Beleihungsquote, LTV und Beleihungsauslauf schneller – deine Finanzierung wird stabiler und die Bank vertraut dir mehr.

Aber: Mehr Tilgung bedeutet auch, dass deine monatliche Rate steigt. Und wenn die Rate steigt, bleibt oft weniger Cashflow übrig.

Das ist kein Fehler – es ist eine Entscheidung.

Manche Vermieter wählen bewusst eine niedrigere Tilgung, um jeden Monat mehr frei verfügbares Geld zu haben. Diesen Cashflow nutzen sie dann für Rücklagen, Renovierungen oder sogar für den Start in das nächste Investment.

Andere Vermieter machen es wie Richard: Sie setzen die Tilgung höher und wollen schneller schuldenfrei sein, selbst wenn der Cashflow anfangs kleiner ausfällt.

Fridolin dagegen findet es beruhigend, wenn der Cashflow hoch genug ist, um Rücklagen aufzubauen oder einfach ein gutes Gefühl zu haben.

Beide Wege können sinnvoll sein – wichtig ist nur, dass du verstehst, wie Rate, Tilgung und Sicherheit zusammenhängen.

Wenn du weißt, was Beleihungsquote, LTV und Beleihungsauslauf bedeuten, dann verstehst du:

- wie sicher deine Finanzierung wirklich ist
- wie viel Risiko die Bank sieht
- wie Tilgung langfristig alles stabiler macht
- und warum Cashflow und Tilgung sich manchmal im Weg stehen
- aber auch, wie du deinen eigenen Weg zwischen „Sicherheit“ und „Flexibilität“ findest

Das macht dich später zu jemandem, der nicht nur eine Wohnung kauft, sondern der versteht, wie das ganze System funktioniert.

Wort-Tresor

Beleihungsquote: Kredit im Verhältnis zum Marktwert.

LTV (Loan to Value): englischer Begriff für die Beleihungsquote.

Beleihungsauslauf: Kredit im Verhältnis zum vorsichtigen bankinternen Beleihungswert.

Beleihungswert: Sicherheitswert der Bank, bewusst niedriger als der Marktwert.

Tilgung: der Teil der Rate, der Schulden reduziert und alles stabiler macht.

Cashflow: das Geld, das am Monatsende übrigbleibt.

8.5 Sonstige Kennzahlen – die leisen, aber wichtigen

Worum geht's?

In diesem Kapitel lernst du vier einfache, aber sehr wichtige Kennzahlen kennen, die dir zeigen, wie stabil eine Wohnung im Alltag wirklich läuft. Sie wirken im Hintergrund, sagen aber sehr viel darüber aus, ob ein Objekt entspannt funktioniert oder ob es eher unsicher ist. Diese Werte helfen Richard und Fridolin besonders dann, wenn sie verschiedene Wohnungen miteinander vergleichen wollen.

Was du lernst?

Du lernst die Bedeutung des Kapitaldienstdeckungsgrads, der Mietbelastungsquote, des Kaufpreisfaktors und der Instandhaltungsrücklage pro Quadratmeter kennen.

Jede dieser Zahlen zeigt dir einen anderen Blick auf die Stabilität einer Wohnung – nicht kompliziert, sondern logisch und leicht zu verstehen.

Kapitaldienstdeckungsgrad (DSCR)

Der DSCR (aus dem Englischen für Debt Service Coverage Ratio) zeigt dir, ob die Miete die Kreditrate und die Grundkosten zuverlässig deckt. Wenn der DSCR zum Beispiel bei 1,2 liegt, bedeutet das, dass die Miete nicht nur alle Kosten bezahlt, sondern sogar noch rund 20 Prozent Sicherheit übrig lässt. Das ist wie ein kleiner Schutzraum: Wenn einmal etwas Unerwartetes passiert – eine Reparatur, ein verspäteter Mieter oder eine höhere Abrechnung – bleibt trotzdem alles stabil.

Richard achtet bei jeder Wohnung auf einen guten DSCR, weil er dafür sorgt, dass das Objekt ruhig läuft. Fridolin hat erst später verstanden, wie viel Stress man sich spart, wenn dieser Wert solide ist.

Mietbelastungsquote des Mieters

Diese Kennzahl zeigt dir, wie viel Prozent seines Einkommens ein Mieter für die Warmmiete ausgibt. Wenn ein Haushalt zum Beispiel 2.600 Euro netto im Monat hat und 1.165 Euro Warmmiete zahlt, liegt die Mietbelastungsquote bei etwa 45 Prozent.

Warum ist das wichtig? Weil eine zu hohe Quote bedeutet, dass es für den Mieter eng werden kann. Je höher die Belastung, desto größer das Risiko, dass die Miete irgendwann nicht mehr so zuverlässig kommt. Eine stabile Mietbelastungsquote bedeutet dagegen, dass die Wohnung langfristig ruhig läuft.

Richard prüft das sehr gründlich. Fridolin achtet heute auch darauf – seitdem ist er viel entspannter.

Kaufpreisfaktor

Der Kaufpreisfaktor vergleicht den Kaufpreis einer Wohnung mit der Jahreskaltmiete. Er ist ein extrem schneller „Wie teuer ist das hier eigentlich?"-Wert.

Das Spannende: Der Kaufpreisfaktor ist eigentlich genau dasselbe Verhältnis wie bei der Bruttomietrendite – nur in die andere Richtung gedacht. Bei der Bruttomietrendite teilst du die Miete durch den Preis und bekommst eine Prozentzahl. Beim Kaufpreisfaktor machst du es anders herum: Du stellst den Kaufpreis in Relation zur Jahresmiete und bekommst eine Zahl wie 14, 16 oder 20. Also ob die Wohnung soviel kostet wie 14 oder 16 Jahresmieten.

Je niedriger der Kaufpreisfaktor, desto eher kann sich eine Wohnung rechnen. Darum ist dieser Wert perfekt, um Wohnungen in ganz unterschiedlichen Straßen oder Städten direkt zu vergleichen.

Richard nutzt das als schnelle Vorauswahl. Fridolin sagt: „Das ist wie eine Abkürzung – ich sehe sofort, ob ein Objekt spannend ist oder nicht."

Instandhaltungsrücklage je Quadratmeter

Diese Kennzahl zeigt dir, wie viel Geld pro Quadratmeter Wohnfläche für spätere Reparaturen zurückgelegt wird. In deiner Musterwohnung werden jeden Monat 104 Euro in die Gemeinschaftsrücklage eingezahlt. Aufs Jahr gerechnet sind das 1.248 Euro. Bei 58 Quadratmetern ergibt das eine Rücklage von ungefähr 22 Euro pro Quadratmeter und Jahr.

Warum ist das wichtig? Weil jedes Haus irgendwann eine neue Heizung, neue Fenster oder ein neues Dach braucht. Wenn ausreichend Rücklagen vorhanden sind, wird so etwas bezahlt, ohne dass die Eigentümer plötzlich eine große Sonderzahlung leisten müssen.

Richard prüft diese Zahl, bevor er eine Wohnung kauft. Fridolin hat gelernt: Eine gute Rücklage ist wie ein Schutzschild für deinen Geldbeutel.

Wort-Tresor

Kapitaldienstdeckungsgrad (DSCR): zeigt, ob die Miete die Rate und die wichtigsten Kosten sicher deckt.

Mietbelastungsquote: wie viel Prozent des Einkommens der Mieter für die Warmmiete braucht.

Kaufpreisfaktor: Verhältnis von Kaufpreis zu Jahreskaltmiete; wie eine umgedrehte Bruttomietrendite.

Instandhaltungsrücklage je Quadratmeter: wie viel Geld pro m^2 für Reparaturen gespart wird.

Kapitel 9: 40 Jahre am Main – Vermögen, Zeit und 3 Lebenswege

Es ist ein warmer Abend in Frankfurt. Der Main glitzert, Boote ziehen langsam vorbei. Am Ufer sitzen Richard Richtig und Fridolin Fast im Café Mainkai. Von hier aus kann man die Europäische Zentralbank sehen – das hohe Gebäude, das wie ein Riese über dem Fluss steht. Sie winken ihrem alten Schulfreund zu, der gerade über die Untermainbrücke herüberkommt: Gustav Garnixmacher.

„Hey Gustav! Hier drüben!", ruft Fridolin. Gustav lächelt, setzt sich, legt sein Handy auf den Tisch und bestellt eine Apfelschorle. Es fühlt sich an wie früher – nur dass „früher" jetzt vierzig Jahre her ist.

Sie reden über alles Mögliche: Schule, Musik, Reisen. Dann kommen sie – ganz automatisch – auf Geld zu sprechen. Nicht, weil es um Angeben geht, sondern weil alle drei neugierig sind, was aus ihren Entscheidungen geworden ist.

Richard erzählt ruhig. Damals, sagt er, haben sie sich früh mit Geld beschäftigt: ein bisschen gespart, später eine Wohnung gekauft, vermietet, geduldig gehalten. Nicht aufregend, aber zuverlässig. Fridolin nickt. Bei ihm sei es am Anfang chaotischer gewesen – mal zu schnell entschieden, mal wieder gebremst –, doch er ist drangeblieben. Beide lachen darüber, wie viele kleine Fehler sie unterwegs gemacht haben. „Aber weißt du", sagt Fridolin, „wir haben's trotzdem durchgezogen, ohne unser Leben zu verpassen."

Gustav nimmt einen Schluck. „Ich habe mein Geld lieber für Dinge ausgegeben, die ich sofort haben wollte: gute Technik, schöne Urlaube, Essen gehen, ein tolles Auto. Ich habe wenig gespart, dafür aber gut gelebt." Er zuckt mit den Schultern. „Mir geht's nicht schlecht. Ich habe meinen Job, meine Wohnung, ich komme klar." Richard und Fridolin nicken. „Stimmt", sagt Richard. „Schlecht geht's dir nicht."

Sie schauen auf den Main. Die Lichter der EZB spiegeln sich im Wasser. Fridolin zeichnet mit dem Finger Kreise auf den Tisch. „Trotzdem", sagt er leise, „passiert bei dir finanziell nichts von allein. Bei uns sind die Schulden mit jeder Rate gesunken, die Miete blieb stabil, und manchmal gab es sogar Steuervorteile. Das hat wie ein Schneeball gewirkt, der immer größer wird, je länger er rollt."

Gustav runzelt die Stirn. „Und was ist am Ende dabei rausgekommen?"

Richard lächelt und erklärt es ganz einfach: „Wenn du geduldig bleibst und die Wohnung hältst, zahlt der Mieter jeden Monat ein bisschen von deinem Kredit ab. Dazu kommt die Zeit: In vielen Jahren baust du Vermögen auf, ohne dauernd daran zu denken." Fridolin nickt. „Und ja, die Zahlen nach vierzig Jahren sind schon deutlich." Für Richard hat sich so – mit Halten, Tilgen und ruhiger Planung – ein Netto-Vermögen von ungefähr 385.000 Euro aufgebaut. Bei Fridolin, der an einigen Stellen mutiger war und später noch nachgelegt hat, sind es sogar rund 442.000 Euro geworden. Beide atmen kurz aus – die Zahl wirkt groß, aber sie ist über viele Jahre gewachsen, nicht über Nacht.

Gustav tippt mit dem Löffel an sein Glas. „Okay, das ist eine andere Liga." Er denkt nach. „Aber ich habe viel erlebt: Konzerte, Städtetrips, gutes Essen. Ich bereue das nicht." Richard hebt die Hand: „Sollst du auch nicht. Das ist die erste wichtige Sache heute: Dir geht es nicht schlecht. Du hast dich für Konsum entschieden. Viele würden sagen, du hast ein erfolgreiches Leben. Nur – echtes Vermögen, das dich im Alter automatisch versorgt, ist so eben nicht entstanden." Gustav nickt langsam.

Fridolin lehnt sich vor. „Und die zweite Sache ist: Es ist gar nicht wichtig, ob du so strukturiert bist wie Richard oder eher so zögerlich und chaotisch wie ich. Wichtig war nur eins: Wir haben uns früh mit Geld beschäftigt – und sind drangeblieben. Wir haben trotzdem gelebt, sind in den Urlaub, haben Freunde getroffen. Aber nebenbei lief dieses leise System, das mit der Zeit immer stärker wurde."

Ein leichter Wind weht vom Fluss herüber. Im Café klirren Gläser. Die untergehende Sonne färbt den Himmel orange. Gustav schaut zur EZB und wieder zurück. „Also ist die Moral: Man muss kein Finanzprofi sein – man muss nur anfangen, sich zu kümmern.“ Richard hebt sein Glas. „Genau.“ Fridolin grinst: „Und wenn's mal holprig ist, macht nichts. Der Schneeball rollt weiter.“

Sie stoßen an. Drei Wege, drei Entscheidungen – niemand verliert sein Gesicht. Gustav hat gut gelebt und steht okay da. Richard und Fridolin haben zusätzlich diesen stillen Motor angeschaltet, der über Jahrzehnte Vermögen aufgebaut hat. Der Main fließt ruhig weiter, und irgendwo da drüben blinkt die EZB in der Abendluft. Frankfurt atmet. Und die drei Freunde auch.

Kapitel 10: Der erste Stein im Fundament fürs Leben

Stell dir vor, du schaust in ein Fotoalbum aus deiner Zukunft. Auf manchen Bildern siehst du dich mit Freunden am See, auf Konzerten, im Urlaub. Auf anderen Bildern hältst du einen Arbeitsvertrag in der Hand, ziehst in deine erste eigene Wohnung oder kaufst dir etwas, das du dir lange gewünscht hast. Zwischen all diesen Momenten gibt es aber noch etwas Unsichtbares, das trotzdem auf jedem Bild mit drauf ist: deine Geldentscheidungen.

Dieses Kapitel ist dein kleines „Startsignal". Es soll dir Mut machen und dir zeigen: Du musst nicht alles wissen, um anzufangen. Du brauchst nur ein paar einfache Regeln, ein bisschen Neugier – und die Bereitschaft, dranzubleiben. Das reicht völlig.

Denk kurz an die drei aus Kapitel 9 am Mainkai. Keiner von ihnen hat sein Leben „perfekt" gelebt. Richard war ordentlich, ruhig und geduldig. Fridolin war zwischendurch chaotisch, hat Fehler gemacht und daraus gelernt. Und Gustav? Der hat sich vor allem schöne Dinge gegönnt – auch das ist okay. Nur: Nach vielen Jahren hatten Richard und Fridolin etwas, das Gustav fehlte – eine Art leisen Motor, der von selbst weiterlief. Dieser Motor heißt: früh anfangen, regelmäßig etwas zurücklegen, kluge Grundregeln nutzen, Zeit arbeiten lassen.

Du kannst genau das Gleiche tun – mit ganz kleinen Schritten. Wenn du heute 5 oder 10 Euro pro Monat zur Seite legst (Pay Yourself First), ist das vielleicht wenig. Aber es ist ein Start. In einem Jahr hast du eine kleine Summe. In fünf Jahren ist es mehr. Und wenn du später mit Job und eigenem Einkommen weiter konsequent bleibst, wächst daraus etwas, das man „Sicherheitsnetz" nennt. Dieses Netz sorgt dafür, dass ein kaputtes Handy, eine Reparatur oder eine Überraschungsrechnung nicht dein ganzes Leben durcheinanderwirft. Und irgendwann sorgt es sogar dafür, dass dein Geld für dich arbeitet – in Tagesgeld, ETFs oder vielleicht später in einer kleinen Wohnung, die du vermietest.

Wichtig: Du musst dabei nicht auf alles verzichten. Niemand erwartet, dass du nie Eis isst, nie ins Kino gehst oder nie mit Freunden etwas unternimmst. Es geht nur darum, eine Reihenfolge zu beachten: erst ein bisschen an dich, dann der Rest. Genau deshalb funktionieren Anti-Budget, Pay Yourself First und die 50/30/20-Idee so gut. Sie sind einfach, klar und passen auch in ein Leben, das Spaß macht.

Vielleicht fragst du dich: „Was ist, wenn ich Fehler mache?" Antwort: Dann bist du normal. Fehler gehören dazu – und sie sind sogar nützlich, wenn du daraus lernst. Fridolin ist das beste Beispiel. Er hat nicht perfekt angefangen, aber er hat angefangen. Du musst nicht schnell sein. Du musst nur losgehen. Kleine, regelmäßige Schritte schlagen große, seltene Sprünge fast immer.

Und wenn du dich fragst, ob das alles wirklich etwas bringt, erinnere dich an den Schneeball aus Kapitel 3: Am Anfang rollt er langsam. Dann wird er größer – und irgendwann hilft ihm sein eigenes Gewicht. Genau so ist es mit Geld, Wissen und Zeit. Dein Schneeball startet heute.

Zum Schluss bekommst du drei Merksätze und sechs Spiegelsätze. Lies sie dir in Ruhe durch. Wenn du magst, häng sie dir an die Wand oder kleb sie in dein Heft. Sie sind einfach – und genau deshalb stark.

Merksätze

1. **Erst an dich, dann an alles andere – kleine Beträge regelmäßig schlagen große Ausreden.**
2. **Zeit ist deine Superkraft – je früher du startest, desto leichter wird der Rest.**
3. **Wissen + Gewohnheit = Ruhe im Kopf – wer die Regeln kennt und dranbleibt, hat später mehr Freiheit.**

Und hier nochmal in typischer Papa-Manier mit einem Zwinkern:

1) Etwas Geld sparen (von Sparen alleine wird man nicht finanziell sicher)

2) Schaffe dir den „Notgroschen" an

3) Dann investieren, um Geld für dich arbeiten zu lassen, statt ausschließlich selbst für Geld zu arbeiten

4) Im Idealfall den Hebel und Steuerprivilegien nutzen, die Immobilien bieten sowie Du regelmäßig Lohnsteuer zu bezahlen hast. Im besten Fall fängst Du vor deinem 30 Geburtstag damit an.

5) Die richtige Einstellung haben und das richtige Wissen aufbauen

6) dein größtes Kapital so früh wie es geht nutzen: Dein Hirn und Einstellung!

Viel Erfolg!

ANHANG 1: Dein Finanz-Quiz

Warum ist die Aussage „Geld ist nicht wichtig" irreführend?

A) Weil Geld automatisch glücklich macht

B) Weil ohne Geld viele Alltagsdinge schwer werden

C) Weil Geld wichtiger ist als Gesundheit

D) Weil Geld alles im Leben bestimmt

Der Zinseszinseffekt wirkt am stärksten, wenn du...

A) spät beginnst und viel sparst

B) früh beginnst, auch mit kleinen Beträgen

C) nur in bar sparst

D) gar nicht sparst

Ein ETF-Sparplan ist typischerweise eine...

A) Investition

B) Konsumausgabe

C) Versicherung

D) Steuerzahlung

Hohe Renditechancen gehen immer mit höherem Risiko einher.

A) Wahr

B) Falsch

Progressives Einkommensteuersystem bedeutet...

A) Steuersatz sinkt bei höherem Einkommen

B) Steuersatz steigt bei höherem Einkommen

C) Jeder zahlt denselben Prozentsatz

D) Steuern gelten nur für Selbstständige

Provisionen bei Finanzberatern können bedeuten...

A) Sie arbeiten nur ehrenamtlich

B) Sie verdienen an Produktverkäufen

C) Sie verkaufen nur kostenlose Produkte

D) Sie beraten ausschließlich neutral

Kinder unter 13 dürfen grundsätzlich nicht arbeiten.
A) Wahr
B) Falsch

Welche Versicherung bietet wichtigsten Grundschutz?
A) Handyversicherung
B) Privathaftpflicht
C) Gepäckversicherung
D) Brillenversicherung

Die BU schützt vor allem...
A) dein Auto
B) deine Wohnungseinrichtung
C) dein späteres Einkommen
D) deine Urlaubsreisen

Eine Kfz-Haftpflichtversicherung ist in Deutschland...
A) optional
B) nur für Neuwagen vorgeschrieben
C) gesetzlich verpflichtend
D) nur für Fahranfänger

Mini-Versicherungen für Kleinschäden sind oft unnötig.
A) Wahr
B) Falsch

Zur gesetzlichen Sozialversicherung gehört u. a....
A) Kranken-, Pflege-, Renten-, Arbeitslosen- und Unfallversicherung
B) Hausrat-, Haftpflicht-, Kasko
C) BU und Rechtsschutz
D) Nur Krankenversicherung

Was bedeutet „Anti-Budget"?
A) Alles genau tracken
B) Ein fester Sparbetrag wird zuerst zurückgelegt
C) Nur bar bezahlen
D) Gar nicht sparen

50/30/20 bedeutet...
A) Miete/Schulden/Urlaub
B) Notwendiges/Wünsche/Sparen & Investieren
C) Konsum/ETF/Gold
D) Essen/Wohnen/Freizeit

ETFs sind...
A) aktiv gemanagte Fonds
B) Sparbücher
C) börsengehandelte Indexfonds, breit gestreut
D) reine Kryptoprodukte

Gold ist vor allem...
A) ein Renditeturbo
B) ein Schutzbaustein ohne laufende Erträge
C) eine sichere Tagesgeldform
D) ein Zinsprodukt

„Buy & Hold" bedeutet...
A) schnell kaufen und direkt verkaufen
B) kaufen, vermieten und langfristig halten
C) nur bar kaufen
D) ausschließlich möbliert vermieten

Cashflow vor Steuern berücksichtigt...
A) Kaltmiete, Kreditrate, Kosten & Rücklagen
B) nur die Warmmiete
C) nur die Tilgung
D) nur Steuererstattung

Ein Bausparvertrag kombiniert...

A) Sparphase + Recht auf Darlehen

B) ETF-Sparen + Tagesgeld

C) Krypto + Festgeld

D) Steuer + Girokonto

Krypto ist für Einsteiger oft sehr riskant.

A) Wahr

B) Falsch

Fragen 1–10	**Lösungen 1–10**	**Fragen 11–20**	**Lösungen 11–20**
1	B	11	A
2	B	12	A
3	A	13	B
4	A	14	B
5	B	15	C
6	B	16	B
7	A	17	B
8	B	18	A
9	C	19	A
10	C	20	A

Anzahl Richtige Antworten	**Deine Finanzielle Intelligenz**
20	Finanz-Genie – Du hast alles verstanden
18–19	Stark! Sehr hohes Finanzverständnis
16–17	Solide! Gute Grundlagen vorhanden
14–15	Du bist auf einem sehr guten Weg
11–13	Ordentlich – aber da geht noch mehr
8–10	Basis da, aber bitte weiter üben
5–7	Du solltest einzelne Kapitel wiederholen
0–4	Finanz-Neustart empfohlen – Grundlagen stärken!

Mehr Online-Tests findest Du auch hier:

Die Homepage zum Buch findest Du hier:

ANHANG 2: Weitere Quellen zum Vertiefen

Hier findest Du noch sieben weitere Bücher, die absolut lohnenswert und lesenswert sind, wenn Du Dich noch tiefer und weiter mit dem Thema Finanzielle Bildung beschäftigen möchtest.

Rich Dad Poor Dad – Robert T. Kiyosaki

ISBN 978-3-690-66042-6

Dieses Buch zeigt auf eine einfache und sehr direkte Weise, warum finanzielle Bildung wichtiger ist als ein hoher Lohn. Kiyosaki erklärt anhand realer Beispiele, wie unterschiedliche Denkweisen über Geld zu komplett verschiedenen Ergebnissen im Leben führen können. Es öffnet Dir die Augen dafür, wie man Geld für sich arbeiten lässt statt umgekehrt.

Der reichste Mann von Babylon – George S. Clason

ISBN 978-3-442-18002-8

Ein Buch voller kurzer Geschichten aus dem alten Babylon, die bis heute überraschend gut erklären, wie Vermögensaufbau funktioniert. Die Regeln sind simpel, einprägsam und für jeden sofort anwendbar. Perfekt, wenn Du lieber Geschichten liest als trockene Theorie und trotzdem verstehen willst, wie Geld wirklich funktioniert.

Reich werden und bleiben – Rainer Zitelmann

ISBN 978-3-89879-920-1

Zitelmann zeigt sehr klar, wie Menschen Vermögen aufbauen – und warum viele es wieder verlieren. Das Buch kombiniert wissenschaftliche Erkenntnisse darüber, wie Reiche denken und handeln, mit praktischen Hinweisen, die Du sofort anwenden kannst. Besonders geeignet, wenn Du langfristig planen und finanzielle Stabilität erreichen willst.

Passives Einkommen durch Immobilien – William Lakefield

ISBN 978-3-98937-136-1

Ein moderner, leicht verständlicher Einstieg ins Immobilieninvestieren. Du lernst, wie man Immobilien bewertet, finanziert und sinnvoll vermietet – ohne unnötigen Fachjargon. Ideal, wenn Du überlegst, mit wenig Startkapital deine ersten Schritte im Immobilienbereich zu machen.

21 Dinge über deine Finanzen, die Du wissen solltest – Matthias Kowalski

ISBN 978-3-7471-0905-2

Ein sehr einsteigerfreundliches Buch, das Dir die wichtigsten Basics zu Geldanlage, Versicherungen, Schuldenabbau und Altersvorsorge erklärt. Alles in klarer Sprache, ohne Kompliziertheit und perfekt geeignet, um endlich Ordnung in die eigenen Finanzen zu bringen.

Die Do-it-yourself-Rente – Immocation (Marco Lücke & Stefan Loibl)

ISBN 978-1-9733-6317-0

Ein extrem praxisnahes Buch über Immobilien als Kapitalanlage. Die Autoren zeigen Schritt für Schritt, wie sie mit wenig Eigenkapital mehrere Wohnungen gekauft haben, die sich selbst tragen und später eine „eigene Rente" bilden. Ideal für alle, die wirklich ins Machen kommen wollen.

Das einzige Buch, das Du über Finanzen lesen solltest – Thomas Kehl & Mona Linke

ISBN 978-3-548-06584-7

Dieses Buch ist ein super Einstieg für alle, die endlich verstehen wollen, wie Vermögensaufbau wirklich funktioniert – ohne komplizierte Fachbegriffe oder trockene Theorie. Die Macher des YouTube-Kanals „Finanzfluss" erklären verständlich und motivierend, wie Du mit ETFs, Aktien und einem klaren Plan langfristig Vermögen aufbauen kannst. Perfekt, wenn Du ganz am Anfang stehst und ein modernes, praxisnahes und absolut einsteigerfreundliches Finanzbuch suchst.

Über den Autor

Dr. Martin Fiedler machte 1997 sein Abitur in Darmstadt und startete anschließend mit einer Ausbildung zum Industriekaufmann ins Berufsleben.

Parallel zu seinen ersten Jahren im Rechnungswesen studierte er berufsbegleitend Internationale Betriebswirtschaftslehre mit dem Schwerpunkt Finance an der Hochschule Darmstadt und schloss 2002 erfolgreich ab.

Seine Leidenschaft für Finanzthemen führte ihn später zur Promotion im Bereich Wirtschaftswissenschaften an der Steinbeis Hochschule in Berlin und Stuttgart. Fast zehn Jahre lang unterrichtete er neben seiner beruflichen Tätigkeit außerdem das Fach Investition und Finanzierung an der Hochschule Darmstadt – auf Deutsch und Englisch – und gab dort sein Know-how an Studierende aus verschiedenen Studiengängen weiter.

Heute arbeitet er als Finanzleiter eines mittelständischen Dienstleistungsunternehmens und verantwortet die Finanzen und Jahresabschlüsse mehrerer Gesellschaften sowie des gesamten Konzerns. Seine Arbeit kombiniert Praxiserfahrung aus dem Unternehmensalltag mit fundiertem theoretischem Wissen.

Die Idee zu diesem Buch kommt allerdings weniger aus dem Job – sondern vielmehr aus seiner Rolle als Vater zweier Teenager und als Onkel zweier junger Erwachsener. In einer Welt, in der finanzielle Bildung immer wichtiger wird, wollte er ihnen ein verständliches, bodenständiges und alltagsnahes Fundament mitgeben. Deshalb gibt es dieses Buch sowohl in einer Teenager-Edition (10–16 Jahre) als auch in einer Young-Adult Edition (17–25 Jahre).

Er lebt und arbeitet südlich von Frankfurt am Main und ist seit Jahren dort auch als Immobilieninvestor tätig.